发现的故事

A Short History of Discovery

[美] 亨德里克·威廉·房龙◎著

孙海鹏◎译

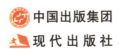
中国出版集团
现代出版社

图书在版编目（ＣＩＰ）数据

发现的故事 /（美）房龙著；吴鸿斌 焦晓菊译 . —— 北京：
现代出版社，2016.3（2023.9 重印）
（房龙真知灼见系列）
ISBN 978-7-5143-4536-0

Ⅰ . ①发… Ⅱ . ①房… ②吴… ③焦… Ⅲ . ①世界史—青少
年读物 Ⅳ . ① K109

中国版本图书馆 CIP 数据核字 (2016) 第 024222 号

发现的故事

著　者	（美）亨德里克·威廉·房龙
译　者	孙海鹏
责任编辑	吴鸿斌　焦晓菊
出版发行	现代出版社
地　址	北京市安定门外安华里 504 号
邮政编码	100011
电　话	010-64267325　010-64245264（传真）
网　址	www.1980xd.com
电子信箱	xiandai@vip.sina.com
印　刷	永清县晔盛亚胶印有限公司
开　本	700mm×1000mm　1/16
印　张	10
版　次	2016 年 4 月第 1 版
印　次	2023 年 9 月第 5 次印刷
书　号	ISBN 978-7-5143-4536-0
定　价	58.00 元

目录

目录

目录

目录

01 史前人类

哥伦布用了4个多星期才从西班牙航行到西印度群岛。可是，我们乘飞机在16个小时内就能横跨大洋。

500年以前，手抄一本书需要3~4年时间。我们有整行铸排机和旋转印刷机，几天就能印好一本新书。

我们掌握很多解剖学、化学和矿物学知识，熟悉上千种不同的科学分支，这些分支是过去的人连名字都不知道的。

然而，在某个方面，我们和最原始的人一样无知——我们不知道我们从哪里来。我们不知道人类怎样、为何、何时来到这个地球上。我们虽然掌握着大量的事实，却仍不得不遵循童话的老方法，这样起头：

"从前有一个人。"

这个人生活在几百万年前。

他长得什么样？

我们不知道。我们从来没有见过他的图像。在一片古老土地的深处，我们有时候发现他的几片骨骸。他埋没在早已从地球表面消失的大堆动物的骨骼里。我们拿到了这些骨头，重构起了曾经是我们祖先的奇异的生物。

人类的始祖是一种非常丑陋的哺乳动物。他相当矮小。

有史以前的人 ▶

太阳的酷热和冬季的刺骨寒风使他的皮肤成为深棕色。他的头部和身体大部分覆盖着长毛。他的手指细而有力，这使他的手看起来像猴子的爪子。他的前额是低的，他的下颌像野兽的下颌，用牙齿好像用刀叉。

他不穿衣服。他没有见过火，只见过充满了浓烟和火焰的火山熔岩。

他住在潮湿黑暗的广袤森林中。

饥饿时，他生吃树叶和植物的根，从生性暴躁的鸟儿的窝里偷鸟蛋。

有一次，在耐着性子追捕了很久以后，他抓到一只麻雀、一只小野狗或者一只兔子，他会生吃这些东西，因为史前人不懂得食物应该先做熟了。

他的牙齿很大，就好像动物的牙齿一样。

白天，这个史前人为了他自己、他的妻子和孩子到处寻找食物。

晚上，因为被出来觅食的野兽的声音吓坏了，他爬到一棵空心树里，或者藏身在满是青苔和大蜘蛛的大石头后面。

夏季，他暴露在灼人的烈日下。

冬季，他遭受严寒。

他受伤时（他经常在打猎的时候折断骨头或者崴了关节），没有人照料他。

危险临近时，他学会了如何发出一种声音来警告同伴。这一点与陌生人接近时就叫的狗很相似。在很多其他方面，他远不如一只驯养好的宠物。

总之，早期的人生活很悲惨，他生活在充满恐惧和饥饿的世界里，周围有很多敌人，他永远被亲朋的幽灵缠身，他的这些亲朋是被狼、熊和可怕的剑齿虎吃掉的。

我们对于这个人的最初的历史一无所知。他没有工具，也不盖屋。他生了，死了，没有留下关于他的任何痕迹。根据他的骨骸，我们才知道他生活在两千多个世纪以前。

余下的是一片黑暗。

直到著名的石器时代，人类才学得了我们所谓文明的初步原理。

对于这个石器时代，我必须详细跟你们讲一讲。

02 世界变冷了

气候出现了变化。

早期人类不知道何为"时间"。他对于生日、结婚纪念日或者死亡的时刻都没有记录。他没有天、周或者年的观念。

早晨太阳升起的时候，他不说"又是一天"。他说"这是光"，他趁着早晨的阳光去为全家人觅食。

天渐渐黑了，他回到妻子和孩子身边，给他们一些他白天捕到的猎物，用生肉填饱自己的肚子，然后睡觉。

他很粗略地记录季节变化。长期的经验使他知道，严冬过后必然是温暖的春天——春天又变成炎热的夏天，果子成熟了，一穗穗野生玉米可以摘下来吃了。寒风把树叶从树上扫落的时候，夏天结束了，动物爬进洞里准备一场漫长的冬眠。

季节老是这样变迁着。

可是，突然间，发生了一件事，他感到很不安。

炎热的夏季来得很迟。果子完全没有熟。过去覆盖着绿草的山顶，现在却深埋在一层厚厚的雪下面。

一天早晨，很多与他自己山谷里的居民不同的野人从高山地带走近了他们。他们嘟哝着没有人听得懂的声音。他们

结冰的时代 ▶

看上去很瘦，像在挨饿。似乎是饥饿和寒冷把他们从以前的家园赶到了这里。

没有足够的食物提供给他们。他们想多待上些日子，于是一场可怕的战争爆发了，所有的人都被杀了。其他人逃到树林里，再也看不见了。

很长一段时间里，没有任何重要的事情发生。

但是，白天越来越短，夜晚比以前更冷了。

终于，在两座高山之间的沟壑里，出现了一小块淡绿色的冰。随着岁月流逝，冰变得越来越大。一个巨大的冰川沿着山边的陡坡缓慢地下移。巨石被推到山谷里。伴随着暴风雨般的巨响，巨石突然滚到吓坏了的人们中间，将睡着的他们压死了。上百年的古树被高墙般的冰山压得粉碎，这对人和兽来说，都是残酷无情的。

最终，开始下雪了。

雪月复一月地下着。

所有的植物都死了。动物都逃去南方有太阳的地方。山谷变得不适合居住。男人背着孩子，带着几块用作工具的石头去寻找一个新的家园。

我们不知道为什么世界会在那个特殊的时刻变冷，然而，逐渐变低的气温对人类影响深远。

一度好像是所有人都会死去，但最终，这段时期的折磨却是一个真正的幸事。它杀死了所有生存能力弱的人，强迫那些活下来的人头脑要变得敏锐，否则他们也会被消灭。

面对是努力思考还是很快就会死去的选择，那些曾经把一块石头变成斧子的头脑现在解决了以前的人类从未面临过的困难。

首先是穿衣问题。天气变得太冷了，不穿上一些人工的蔽体物根本不行。生活在北方地区的熊和野牛长着厚厚的皮毛来阻挡冰雪。人没有这种皮毛，他的皮肤很敏感，他遭受了很多痛苦。

他用很简单的方式解决了这个问题。他挖了一个洞，在上面盖上树枝、树叶和一些草。一只熊走过来，掉进了这个人造的洞穴里。人等到这只熊饿得力气变弱时，用一块大石头把它打死。他用一块锋利的火石

　　很多动物有睡在黑暗洞穴里的习惯。人学着它们的样子，终于找到了一个空岩洞。这个岩洞里还有蝙蝠和各种爬行类昆虫，不过他并不介意。他的新家让他感到温暖，这就足够了。

把熊背部的毛皮割下来。在稀疏的阳光下把它晒干，把它围到自己肩膀上，享受到了曾经带给熊快乐和舒适的温暖。

接下来是居住问题。很多动物有睡在黑暗洞穴里的习惯。人学着它们的样子，终于找到了一个空岩洞。这个岩洞里还有蝙蝠和各种爬行类昆虫，不过他并不介意。他的新家让他感到温暖，这就足够了。

雷暴天气中，树经常被闪电点着。有时候整个森林都起火了。人看见过这种森林大火。他靠近时被热气赶走。他现在想起来，火能生热。

火曾经是一个敌人，现在它却成了朋友。

他把一棵枯树拖进洞里，用从森林大火里闷燃的树枝点着，于是洞穴里有了不同寻常的热气，真是令人愉快。

最后，一个特别聪明的家伙突然想到把生肉扔到火里烧熟再吃的时候，他已经在人类的知识之中加上了某种东西，这使得穴居人感觉到，他们已经达到了文明的高度。

今天，当我们听到另一个奇妙的发明时，我们很是自豪。

"人类的大脑还能够做更多的事情吗？"我们问。

我们满意地微笑。因为，我们生活在有史以来最精彩的时代，没有人像我们的工程师和化学家那样，创造出如此多的奇迹。

40000年前，世界还处在冻得死人的时代，一个未梳洗过的穴居人用他的棕色手指和大白牙把一只半死的鸡的羽毛拔下来——把羽毛和鸡骨头扔在作为他和家人的床的地上，就和他学到火的炙热灰烬能把生肉变成美餐时感到同样高兴和骄傲。

03 石器时代的终结

在寒冷的时期，为了生存下来所做的挣扎是很可怕的。很多已被发现骨头化石的人种和动物从地球上消失了。

饥饿、寒冷和食物匮乏使部落和家族里的人全部死去。首先是小孩，然后是家长。老人们则受到野兽的威胁。直到气候再一次改变或者空气湿度逐渐降低，环境不再适宜这些野生的侵略者生活，他们被迫在非洲丛林的中心地带找到栖息地，从此生活在那里。

我要讲述的这部分历史很难，因为我要描述的变化发生得非常缓慢。

大自然从来不着急。它有无穷的时间来完成它的任务，它深思熟虑着带来必要的变化。

当冰川滑落到山谷里，覆盖了欧洲大陆的大部分地区时，史前人类至少已生活了4个确定的时代。大约30000年前，最后一个时期结束。

从那时起，人类留下了工具、武器、图画等东西，作为他存在过的具体证据。我们大致可以说，当最后一个寒冷的时期结束时，历史开始了。

无休止的生存之战教会了幸存下来的人们很多东西。

石制和木制的工具变得像我们今天的铁器一样常见。

制作粗糙的火石斧逐渐被一种制作得更精良的火石代替了。它更加实用。它使得人能去袭击很多一开始就威胁着人的动物。

再也看不到猛犸了，麝牛退回到极圈地带，老虎永远离开了欧洲，洞熊不再吃小孩子了。

所有生物中力量最弱、最无助的动物——人，用他强大的大脑发明了如此强大的毁灭性工具，他现在成了所有动物的主宰。与大自然的第一场斗争已经取得胜利，接着还有许多。

由于装备了一整套打猎和捕鱼的工具，穴居人开始寻找新的住处。河岸和湖岸为固定生活提供了最好的机会。旧的洞穴被抛弃了，人类向有水的地方迁徙。

因为人可以拿得动很重的斧子，伐树不再有任何困难。

鸟类很久以来一直用木片和草在树枝中间造舒适的巢。人类也学着它们的样子。他也给自己建造了一个巢，管它叫作"家"。

除了亚洲一部分地区，他不喜欢在树上安家，因为树有点小，也不够坚固。

他砍下一些圆木。他把它们稳稳地推进柔软的浅的湖底。在上面，他用木头搭一个平台，在这个平台上，他盖起了他的第一个木屋。

这个木屋比旧的洞穴有很多优点。野兽闯不进来，强盗也进不来。湖本身就是一个有无尽鲜鱼的储藏室。

这些建造在桩子上的房屋比洞穴更有益健康，它使小孩子们有更多机会成长为健壮的人。人口稳定增长，人开始占领从未被占据过的大片荒地。

新的发明不断产生，他的生活更加舒适，危险越来越少。

很多时候，各种革新并不是因为人类聪明的大脑。

他只是简单地模仿动物的做法而已。

你自然知道，有很多野生动物把夏天的很多坚果、橡果和其他食物埋起来，以备漫长的冬天吃。只须想想松鼠，它们总是把在花园和公园里的储藏室塞得满满的，以备冬天和早春吃，就可以知道了。

早期的人类在很多方面都没有松鼠聪明，他不知道怎样为未来储备东西。他吃东西，直到吃饱，但是对于不需要的东西，任它们腐烂掉。结果是，他经常在寒冷的日子里没有东西吃，他的许多子女死于饥饿和食物匮乏。

后来，他学着动物的样子，在收成好、有大量小麦和谷物时把它们收藏起来，为未来做准备。

我们不知道是哪一位天才发现了陶器的制作方法，不过，他值得我们为他立一个雕像。

很可能是一位妇女，她厌倦了没完没了的厨房杂事，想让她的家务活儿变得轻松一些。她发现一片片的黏土在日光下会被烤成一种坚硬的东西。

如果一片黏土能变成一块砖，那么一个稍微弯曲一点儿的同样材料的东西一定能够产生相同的结果。看，一块砖变成了一个陶罐，现在人类可以把食物存到明天了。

由于人能够为日后之需保存食物，他开始种植蔬菜和谷物，把多余的食物保存起来以便以后食用。

这就解释了为什么在石器时代晚期，我们在早期桩居人的房屋周围发现了最早的麦地和菜园。这也告诉了我们，为什么人放弃了流浪，在一个固定地点定居下来生儿育女，他死去时，被体面地埋在他的亲人们中间。

我们可以很有把握地说，如果听从命运的安排，那么我们这些始祖们一定会主动放弃野人的生活方式。但是，他们的这种孤立状态突然终止了。

史前人类被发现了。

有史以前人类的发现 ▶

不知从南方哪里来的一个旅行者，勇敢地穿过了波涛汹涌的大海和险恶的大山，到达了中欧的野人们中间。

他背着一个包裹。他在大张着嘴、极为好奇的野蛮的当地人面前打开包裹，摊开各种器具，他们看到了这些他们做梦都没有想到过的奇妙东西。他们看到了青铜锤子和斧子，铁制工具，紫铜头盔，还有一种由颜色奇怪的材料制成的美丽饰物，那位来自异域的客人管这种奇怪的材料叫作"玻璃"。

一夜之间，石器时代结束了。

它被一种几千年以前就摈弃了木制和石制工具的新文明取代，这个文明为"金属时代"奠定了基础，"金属时代"一直延续到今天。

04 最初的人类族群

我们是讲究实用的时代的孩子。

我们在一种我们叫作汽车的小机车里从一地到另一地。

我们要跟一个家在1000英里之外的朋友讲话，就对着一个橡胶管子说"你好"，然后问芝加哥的一个电话号码。

晚上，屋子里变暗了，我们按一下钮，光就有了。

如果觉得冷，我们按另外一个钮，电炉散发出热和光洒满整个书房。

在夏天，天气热的时候，同样的电流会开启一阵人工的小风暴（一个电扇），使我们觉得凉爽舒适。

我们好像是所有自然力的主宰，我们使它们为我们工作，好像它们是我们极为恭顺的奴隶。

但是，当你为我们这些伟大的成就感到骄傲的时候，不要忘了一件事。

我们的现代文明的大厦是建立在基本的智慧之上，这种智慧是古代的人们历经千辛万苦建立起来的。

不要害怕在下面的章节里你们会遇到他们奇怪的名字。

巴比伦人、埃及人、迦勒底人和苏美尔人都已死去了，但是，他们仍然影响着我们生活中的各个方面：我们书写的文字，我们使用的语言，我们建造一座桥梁或者一座摩天大厦之前所必须解决的复杂数学问题。

只要我们的星球继续运转在广阔的宇宙间，他们就值得我们感激和尊重。

我要告诉你们的是，这些古人们住在三个确切的地点。

其中的两族人是住在大河边上。

第三族人住在地中海沿岸。

最古老的文明中心发源于埃及的尼罗河流域。

第二个坐落在西亚两条大河之间的肥沃的平原上，古代人把这里叫作美索不达米亚。

第三个你会在地中海沿岸看到，最早的殖民者腓尼基人以及把他们的主要道德法则赠予全世界的人们的犹太人居住在那里。

这第三个文明中心，以它的巴比伦语的名字——苏里，为人所知，或者我们把它读成叙利亚。

住在这些地区的人们的历史绵延了5000多年。

这是一个非常非常复杂的故事。

我无法告诉你们很多细节。

我将把他们的种种冒险经历织成一块布，使它看上去像一块精美的小地毯，就好像山鲁佐德讲给苏丹的一个故事一样。

05 石头之钥

公元前50年，罗马人征服了地中海东岸的土地，在这片新占领的领土中，有一个叫作埃及的国家。

从埃及人的历史开始以来，6500多年已经过去了。

在还没有人梦想在台伯河的沼泽中建立一个城市很久以前，埃及国王们就已经统治了遥远而广大的疆土，把他们的朝廷变成了所有文明的中心。

在罗马人还是拿着粗糙的石斧追赶狼和熊的野蛮人时，埃及人已经在写书，进行复杂的医学手术，教他们的孩子乘法表了。

这种伟大的进步主要归功于一个非常伟大的发明，归功于把他们说过的话和他们的想法留存给他们的子孙的艺术。我们把这种艺术叫作书写。我们对书写非常熟悉，我们无法想象没有书籍、报纸和杂志人们怎么能活。

但是他们就能活，这就是为什么他们在最初100万年里进步很缓慢的原因。

他们曾经像猫和狗一样，只能教给他们的小猫和小狗一些简单的事情，因为他们不会书写，他们无法拥有他们数不清的祖先的生活经验。

这听起来很滑稽，不是吗？

这么简单的事有什么可大惊小怪的？

但是，你们在写一封信的时候曾经停下来想过什么吗？

假设你们正在山区里旅行，你看见了一只鹿。

你们想把这件事告诉城里的父亲。

你会怎么做？

你在一张纸上写好多点和画，在信封上你写几个点和画，并贴一张2分钱的邮票，然后把你的书信投到邮筒里。

你做了什么呢？

你把一些说的话变成了一些笔画。

但是，你怎么知道如何写你的花体字，以便邮差和你的父亲能把它们再度翻译成口语呢？

你知道，因为有人教过你如何写出准确的、代表你的口语声音的符号。

我们来简单写几个字母，看这个游戏是怎么玩的。

我们从喉咙里发一个音，然后写下一个"G"。

我们合上牙齿，让气流从口中挤出来，然后写下"S"。

我们张大嘴，发出一个像蒸汽机般的声音，把这个声音记作"H"。

人类用了上百万年时间才发明这个，这应归功于埃及人。

当然，他们用的不是我们用来印刷这本书的字母。他们有一个自己的体系。它比我们的这个体系漂亮多了，但是不如我们的这么简单。它由一些符号和房屋里、农场里的形象以及小刀、犁、鸟、罐子和盘子的形象组成。他们把这些小符号刻在、画在庙宇的墙壁上，画在死去国王的棺椁上，画在干枯的纸草叶子上，我们的"纸"正是因此得名。

可是，罗马人进入到这个巨大的图书馆的时候，既没有表现出热情，也没有表现出兴趣。

他们有一套自己的书写系统，他们认为更高级。

他们不知道，希腊人（他们从希腊人那里学到字母表）其实是从腓尼基人那里学到的字母，而腓尼基人成功地从古埃及人那里学到了字母。他们不知道也不关心。学校里只教授罗马字母，对罗马的小孩子足

象形文字的探讨 ▶

够好的事情对任何别人也足够好。

在罗马统治者的冷漠和反对下，埃及人的语言没有存活太久。它被遗忘了。它就像多数我们的印第安部落的语言被忘记那样，死去了。

接任罗马人当上埃及统治者的阿拉伯人和土耳其人废除了所有与他们的圣书《古兰经》没有关系的写作。

最后，在16世纪中期，一些西方游客来到埃及，对这些奇怪的图画表现出了些许兴趣。

但是没有一个人能解释它们的意思，虽然这第一批欧洲人和之前的罗马人和土耳其人一样明智。

在18世纪晚期，一个法国将军——波拿巴参观埃及。他不是去那里研究古代历史的。他想利用这个国家作为远征英国殖民地——印度的一个起点。这次远征完全失败了。但是，他帮助解开了古代埃及书写的神秘问题。

在拿破仑·波拿巴的士兵中有一位年轻的军官，叫作布尔萨德。他驻扎在尼罗河西河口上一个叫作罗塞塔德河上的圣朱利安要塞。

布尔萨德喜欢在尼罗河谷低地的废墟里翻找东西。一天，他发现了一块让他非常困惑的石头。

人们几乎可以断定，埃及语里包含希腊语的翻译（或者相反），打开古埃及文的钥匙好像已经被找到了。

但是，人们用了30多年非常艰辛的努力才找到配锁的钥匙。

然后，神秘的门被打开了，古埃及的财宝被迫献出了它的秘密。

献身解码这种语言的人叫作让·弗朗索瓦·商博良——通常人们称呼他为小商博良，以区别他同样博学的哥哥。

法国大革命爆发的时候，小商博良还是一个婴儿，因此，他没有在波拿巴将军部队里服役。

在他的同胞们从一个光荣的胜利走向另一个胜利的时候（然后败下阵来，这是帝国军队常有的事），小商博良在学习埃及本地基督教徒的语言——科普特语。19岁时，他被任命为法国一所较小的大学的历史学教授，开始了他翻译古埃及图画语言的伟大工作。

为了这个目的，他使用了布尔萨德在尼罗河口附近的废墟里发现的那块著名的黑色玄武岩石板。

罗塞塔石碑上刻着神圣语言和通俗的希腊语翻译的文本，小商博良把他的研究集中在这两个文本上。他把找到的埃及文字都收集到一起，与罗塞塔石碑比较，进行研究，经过20年的艰苦研究，他解开了14个小符号的意思。

这意味着，每一个单独的文字他都用了超过一年的时间来研究。

最后，他去了埃及。1823年，他出版了第一本关于古象形文字的科学著作。

九年以后，他因劳累过度而去世，他成为了他在童年时就给自己定下的伟大使命的真正殉道者。

然而，他所从事的工作在他身后依然进行着。

其他人继续着他的研究。今天，埃及学家阅读象形文字就像我们阅读报纸一样容易。

20年研究14幅图画好像很慢。不过，让我来给你讲讲小商博良的一些困难，你就会明白。一旦明白了，你就会佩服他的勇气。

古埃及人不使用简单的符号语言，他们已经超越了那个阶段。

每一个印度故事都有一章用一些小图画形式写成的奇异的信息。不太可能是一个小男孩，不过可能是在他人生中某一个或者其他阶段，当他是一个水牛猎人或者一个印度士兵的时候，发明了一种他自己的符号语言，每一个童子军队员都很熟悉这个。但是，埃及的文字与这个有很大不同，我必须用一些图画来给你解释清楚。假设你是小商博良，正在读一片古代的纸草叶，它讲述了住在尼罗河岸上的一位农夫的故事。

突然，你看到了幅图，上面有一个男人拿着一个锯。

"很好"，你说，"这个意思当然是，这个农夫出去砍倒了一棵树"。很有可能你猜对了。

接下来，你拿起另一页刻有象形文字的纸草。

这些图形讲述了一位活到82岁的女王的故事。在这张纸草的正中心，相同的图出现了。至少这让人觉得很困惑。女王们是不用出去伐树的，她们让别人为她们做这种活。一个年轻的女王可能为了锻炼身体而伐木，不过，一位82岁的女王应该跟她的猫和手纺车待在家里。然而，图就出现在这里。画这幅图的古代祭司肯定是因为一个明确的目的而把它画在这里的。

它可能是什么意思呢？

小商博良最终解开了这个谜。

他发现，埃及人是最早使用我们称为"语音文字"的人。

如同其他变成一个科学思想的词语一样，"语音"这个词源于希腊语。它的意思是"由我们的言语组成的声音的科学"。你以前看见过希腊词"音素"，它的意思是声音。这个词出现在我们的词"电话"里，电话是一种把声音传到远处的机器。

古埃及语是"语音的"，它使人从符号语言的狭窄限制里摆脱出来。符号语言的原始形式很久以前就被穴居人用来在他家里的墙上刻画野兽了。

现在，我们暂时回到突然出现在老女王故事里的那个拿着锯的小人上。显然他用那个锯是要干点什么。一个"锯"或者是一个你在木匠店里看到的工具，或者表示动词"看见"的过去式。

这就是在很多世纪的演变中，这个词发生的变化。

首先它表示一个人拿着一个锯。

然后，它表示我们用3个现代字母s、a、w发出来的声音。最后，木匠活儿那层原始意思完全失去了，图画表示的是"看见"的过去式。

一个画成古代埃及图画的现代英语句子会向你表明我的意思。或者表示在你头上的这两个圆形的让你能看见东西的东西，或者表示"我"，这个正在说话或者写字的人。或者表示一个采集蜂蜜，并在你试图抓住它的时候蜇你一下的某种动物，或者表示动词"作为"，它是以同样的方法被说出来的，表示"存在"。它可能表示一个像"成为"或"表现"这样的动词的第一部分。在这种情况下，蜜蜂后面就是，它代表我们在说单词"树叶"或"离开"时的声音。把你的"蜜蜂"

（bee）和"树叶"（leaf）放在一起，得到两个音，就是动词"beeleave"，或者我们今天的动词"believe"。

你完全清楚"eye"。

最后，你看到一个好像长颈鹿的图画。它是一只长颈鹿，它是古老的符号语言的一部分，在方便使用符号语言的地方，它总是能继续存在。

因此，我们得到了下面的句子："I believe I saw a giraffe."（我相信我看见了一只长颈鹿）

这个系统自从被发明之后，在几十万年里得到发展。

逐渐地，最重要的符号被用来表示单个的字母或者短音，比如"fu"、"em"、"dee"、"zee"，或者我们写作f、m、d、z。在这些字母的帮助下，埃及人可以在任何他们能拿到的东西上写任何东西，可以毫不困难地把一代人的经验为下一代人保留下来。

一句话，这就是小商博良教给我们的。艰苦的研究工作使他英年早逝。

也是因为这个原因，我们对于古埃及历史的了解比对其他任何古国的了解都多。

06 生者之地和死者之域

哪里有充足易得的食物，人就向哪里去，建立他的家园。

尼罗河流域的名声肯定很早就已经散播开了。野人们从各处成群地来到河岸上。由于周围都是沙漠和海洋，来到这片肥沃的土地并不容易，只有最强健的人们才活着来到这里。

我们不知道他们是谁。一些人来自非洲内陆，长着羊毛般的头发和厚厚的嘴唇。其他人的皮肤是淡黄色，他们来自阿拉伯半岛的沙漠，来自西亚的大河流域。

他们互相作战，争夺这片丰美的土地的所有权。他们建起村落，他们的邻居把它毁掉，他们用从其他邻居那里毁掉的村子里拿来砖，再建起村落。

渐渐地，一个新的种族发展起来。他们把自己叫作"remi"，意思是"人族"。这个名字带着一点儿骄傲，他们使用这个名字和我们把美国称为"上帝自己的国家"是同样的意思。

在尼罗河一年一度的泛滥季节，他们住在一个被大海和沙漠与其他地方隔绝的一些小岛上。难怪我们把这些人叫作"孤立的"，他们有着很少与邻居们接触的习惯。

他们最喜欢自己的生活方式。他们认为自己的习惯和习俗比其他任何人都稍好一点儿。同样，他们自己的神灵比其他国

死之城

家的神灵更强大。他们也不是真正地鄙视外国人，但是他们觉得，外国人有一点儿可怜，而且如果可能的话，他们把外国人拒于埃及国土之外，以防自己的国民被"异国的观念"腐蚀了。

他们很善良，几乎没有做过任何残忍的事。他们很有耐心，在经商方面，他们与世无争。生活是一个轻松的礼物，他们从不像北部只为生存而挣扎的人们那样吝啬刻薄。

太阳从远处沙漠血红的地平线上升起的时候，他们去耕作。当夕阳的最后一缕余光消失在山后，他们去睡觉。

他们努力干活，埋头苦干，无论发生什么，都固执地生活，表现出深厚的耐心。

他们相信，这一生只不过是一个新的生存方式的短暂序曲，当死神来临时，新的生命就开始了。直到后来，来生被认为比今生重要得多，埃及人把他们多产的土地变成了一个巨大的崇拜死者的神殿。

由于古流域发现的多数纸草卷都讲述了具有宗教性质的故事，我们可以很精确地知道埃及人崇拜的是哪些神灵，他们是如何保证那些已经安息的人们的所有幸福和舒适。开始的时候，每个小村子都有自己的一个神灵。

这些神灵常常是被想象为生活在一块形状怪异的石头里，或者一棵特别大的树的树枝里。跟他成为好朋友是好的，因为他可以带来大灾害，破坏收成，使旱期延长，让人和牛全都渴死。所以，村民们送给他礼物——给他东西吃或者一束花。

在埃及人与敌人交战时，一定会带上他们的神灵。最后，神灵变成了一种战旗，人们在危险时刻集结在他的周围。

但是当立国日久，更好的道路修好了，埃及人开始旅游了，这些古老的"物神"，也就是一些石块和木块，就失去了他们的重要地位，被扔掉或者放在不被注意的角落里，或用作门阶或者椅子。

他们的位置被新的更强大的神灵们取代了，这些新的神灵们代表了影响整个流域的埃及人生命的自然力。

首先是使万物生长的太阳神。

然后是尼罗河神，他使白天的酷热变得温和，把丰富的泥土带过来更新土地，使土地肥沃。

然后是亲切的月亮神，她在夜晚划着小船穿过天门，还有雷神、闪电神，以及其他根据他们的享乐和欲望而来的任何可以使生活快乐或者不幸的各种神灵。

古代的人完全处在这些自然力的掌控之下，不能像我们那样可以轻松摆脱这些力量。我们只要在房子上放置一个避雷针或者建几个水缸，就能使我们在没有雨的时候保证自己的生活。

相反，这些神灵是他的日常生活中非常密切的一部分——他们自从他被放到摇篮里开始就陪伴着他，直到他准备安息的那一刻。

他也不能想象，一道闪电或者洪水的一次泛滥这种日常现象只是一种客观现象。有一个人——在某个地方——一定是他的主人，一定是像工程师开动他的机器或者船长驾驶轮船那样，指挥着这些现象发生。

因此，一个主神被创造了出来，就好像一个军队的总司令那样。

官阶低的一些官员听他调遣。

在他们自己的领地，每个官员都可以独立行动。

然而，在那些决定所有人民幸福的重要事情上，他们必须听从他们的主人的指挥。

埃及国土上最高的神圣统治者叫作奥西里斯，所有的埃及小孩都知道他

金字塔

的伟大一生：

很久以前，在尼罗河流域，住着一位国王，叫作奥西里斯。

他是一个好人，他教会臣民如何耕地，他赋予他的国家公正的法律。但是他有个坏兄弟——塞思。

塞思非常嫉妒奥西里斯，因为后者是一个道德高尚的人。于是一天，塞思请奥西里斯吃饭，饭后他说想给奥里西斯看一件东西。好奇的奥西里斯问是什么东西，塞思回答说，是一具形状奇怪的棺材，它就像一件衣服一样很贴合人的身材。奥西里斯说他想试试。于是他躺进棺材里，可是他刚一进去，就听砰的一声！——塞思把盖子盖上了。然后他叫来仆人，让他们把棺材扔进了尼罗河里。

他的恶行很快就在国土上传开了。奥西里斯的妻子——伊希斯，深爱她的丈夫，她立即到尼罗河岸边去。过了一小会儿，波浪把棺材推到岸边。她去告诉她的儿子，统治着另一片土地的何露斯。可是，她刚一离开，邪恶的塞思就闯进宫殿把奥西里斯的尸体砍成了14段。

伊希斯回来了，她发现了塞思的行径。她把尸体的14段缝到一起，奥西里斯又复活了。从此，他作为冥神永远统治着阴间，人的灵魂离开尸体后必定要去那里。

邪恶的塞思想要逃跑，不过奥西里斯和伊希斯之子何露斯已经听从了母亲的警告，他抓住了塞思，杀死了他。

这个忠诚的妻子、邪恶的兄弟和尽职的儿子为他父亲报仇以及美德最终战胜邪恶的故事，形成了埃及人宗教生活的基础。

奥西里斯被看作所有在冬天里好像死去但是在第二年春天又复活的生命的神灵。作为来生的统治者，他是人的行为的最终审判者，那些曾经残酷、

沙漠里的沙　　　　　　　　　　　金字塔的筑成

不公正和那些欺压弱者的人会得到痛苦。

　　至于那个脱离了肉体的灵魂的世界，是坐落在西方高山之上的，一个埃及人想说某个人已经死了，他会说："已经西去了。"

　　伊希斯与奥西里斯分享他的荣耀和责任。他们的儿子何露斯被当作太阳神崇拜（因此有了"地平线"这个词，指太阳落下的地方）。他成为一系列新的埃及国王的第一位，埃及的所有法老都以何露斯作为他们的中名。

　　当然，每一个小城市和小村庄都继续崇拜他们自己的一些神灵。但总体上说，所有人民都承认奥西里斯的无上权力，想要得到他的眷顾。

这并不容易，而且导致了许多奇怪的习俗。首先，埃及人相信，没有尸体存在于这个世界上的灵魂是不能进入奥西里斯的世界的。

不管发生什么，尸体必须在死后被保存下来，还必须要给它一个永远的安适的家。因此人一死，他的尸体就要进行防腐处理。这是一个困难而且复杂的手术，由半是医生半是祭司的人来做。他还需要一个助手，助手的工作就是给尸体切开一个口，在胸部填满松树脂、没药和桂皮。这个助手属于一个最被鄙视的特殊阶级。埃及人认为，对一个人实施暴力的行为是一件可怕的事，不管是对死人还是对活人，只有最低阶级里最低贱的人才会被雇来干这种没人愿意做的工作。

随后，祭司再拿了尸体，把尸体放在从利比亚的遥远沙漠里专门取来的一种泡碱溶液里，泡上10周。然后，尸体就变成了"干尸"，因为它充满了"mumiai"，或者说树脂。干尸用一种特制的长长的亚麻布包裹起来，放到一个装饰精美的木头棺材里，准备以后被移送到西部沙漠，那里是死者最后的家。

墓穴是沙漠里的一个小石屋，或者山边的一个洞穴。

棺材被放在小屋的中间，小屋里配备了厨具和武器，还有形似面包师傅、肉贩的雕像（泥制的或木制的），以备他们死去的主人使唤。长笛和提琴也被放进来，以便墓穴的主人可以在他这个"永久的家"里消磨漫长的时光。

然后，屋顶盖上沙子，死去的埃及人就在这里永远平静地睡去。

但是，沙漠里到处都是野兽，它们会挖掉木屋顶部的沙子，吃掉干尸。

这是很可怕的，因为这意味着灵魂永远游荡，遭受无家可归的痛苦。为了保证干尸完全安全，在墓穴周围建一圈矮砖墙，在开放的地方填满沙子和砾石。这样，一个保护干尸防止野兽和盗墓者的人造矮山就建成了。

有一天，一个埃及人刚刚埋葬了他的母亲，他深爱他的母亲，于是他决定为她建一个超过在尼罗河谷所有建筑的纪念碑。

他召集他的奴隶们，让他们建一座从方圆几英里外就能看见的假山。这个墙的四壁，用一层砖来覆盖，以使沙子不能被风吹走。

人们喜欢这个新奇的主意。

很快，他们开始攀比起来，都想胜过别人，墓穴在地面上越建越高，从20英尺到30英尺，再到40英尺。

最后，一个富有的贵族下令建一座用坚固的石头建的墓穴。

木乃伊

在存放干尸的墓穴的顶部，他建了一堆砖砌成的假山，有几百英尺高。通过一个过道，到达地下室，这个过道用一块沉重的厚花岗石封住，这样，干尸就安全隔绝了所有入侵。

当然，国王不可能允许他的一个臣民在这件事上超过他。他是住在埃及最大的房子里的最有权力的人，因此，他应该有最好的墓穴。

别人用砖做的部分，他可以用更加昂贵的材料来做。

法老派他的官员到各地征集工匠。他修了路，建了棚屋，以便工匠们可以生活和睡觉（今天你还能看见这些棚屋）。然后他开始工作了，给自己建立一个可以留存千秋万代的墓穴。

我们把这堆砖石建筑叫作"金字塔"。

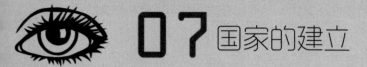

07 国家的建立

今天，我们都是一个"国家"的成员。

我们可能是法国人或者中国人或者俄国人，我们可能住在印度尼西亚最遥远的角落，但是，我们总是以一种或另一种方式属于一个奇怪的人们组成的团体，它叫作国家。

我们承认一个国王或者一个皇帝或一个总统并不重要。我们生于斯，死于斯，我们是这个大的集体的一分子，没有人能够逃脱这个命运。

"国家"实际上是一个相当新近的发明。

世界上最早的居住者不知道它是什么。

每个家庭都自己生活、打猎、劳作、死亡。有时候，几个这样的家庭为了更好地保护自己免受野兽和其他野人的侵袭，组成一个称为部落或者宗族的松散的联盟，但是，一旦危险过去了，这些人就又各自生活。如果最弱的人无法保卫自己的洞穴，他们只有受到袋狼和老虎的威胁，如果他们被杀了，没有人会为他们感到难过。

简单地说，每一个人自己就是一个国家，他对于邻居的幸福和安全没有任何责任。这种状况非常缓慢地发生变化了，埃及成了第一个国家。在那里，人们被纳入到一个管理得很好的帝国。

尼罗河对这种有益的发展起到了直接作用。我跟你们讲过，每年夏天，尼罗河谷和尼罗河三角洲的大部分地区是如何变成一大片内陆海的。为了从这个大水里得到最大利益，同时又能平安地度过洪水，在某些地点建一些堤坝和小岛就很有必要。他们能在八九月份的时候给人和畜提供遮风避雨的地方。然而，建造这些小的人工岛并不简单。

单独一个人，或者一个家庭，甚至一个部落在没有别人的帮助下是不可能建造一个河坝的。

一个农夫可能很讨厌他的邻人们，不过，他更讨厌被淹死。于是，当河水开始上涨，威胁到他自己、他的妻子、孩子和他的牛的时候，他不得不号

年轻的尼罗河

召全体乡民行动起来。

必要性使人们忘记他们之间的小小不同。很快，整个尼罗河谷地区的人们三五成群地经常一起劳动，他们为了一个共同的目的，为了生活和繁荣而彼此依靠。

第一个强大的国家从这样小的开始中产生了。

它在进步的道路上前进了一大步。

它使得埃及真正成为了一个适于居住的地方。它意味着非法谋杀的终止。它保证人们比以前任何时期都更加安全，给予部落中那些较弱的人生存

肥沃的河谷

下来的机会。今天，完全混乱的状态只出现在非洲丛林地区，很难想象一个没有法律、没有警察、没有法官、没有负责人民健康的官员和医院，也没有学校的世界。

但是5000年前，作为唯一一个有组织的国家，埃及被他的邻国们深深嫉妒。那些国家的人们还都在不得不孤身面对生活中的种种困难。

可是，一个国家不仅只由公民组成。还必须有执行法律的人和在危急时刻指挥全体人民的人。因此，任何国家没有一个单独的首领都不行，不管他是被叫作国王，还是皇帝或是沙（比如在波斯），抑或像在我们国家那样，叫作总统。

在古埃及，每一个村子都承认村子里长老们的权威，他们是一些老年人，比年轻人有更多的经验。这些长老们选举一个强壮的人，在战争中指挥他们的士兵，在有洪水的时候，告诉他们应该怎么办。他们给这个人一个区别于他人的头衔。他们把他称为国王或者王子，他们为了大家的共同利益而拥护这个人。

因此，在埃及历史的最早时期，我们看到人们之间的这种区分。

多数人是农民。

他们都一样贫富。

他们被一个有强大权力的人统治，他是他们军队的总司令，他任命他们的法官，也为了人们共同的利益和生活舒适来建造道路。

同时，他也是警卫力量的首脑，负责捉贼。

作为对他有价值的服务的回报，他得到每个人的一定数量的金钱，叫作税。可是税的大部分都不属于国王个人。他们是委托给他用在公共福利上的。

但是，不久以后一个既不是农民也不是国王的新阶层开始发展起来。这个新阶层通常被称为贵族，它处于统治者和他的臣民之间。

从早期开始，这个阶层就在每个国家的历史中出现了，它在每个国家的发展中都扮演了一个重要角色。

我必须向你们解释，这个贵族阶层是如何从日常生活最普通的环境里发展出来的，以及为什么它能够在各种形式的反对之下，仍然存续到今天。

为了把故事讲清楚，我画了一幅图。

图上有五个埃及农场。这些农场最早的主人很多年前移居到埃及。他们每一个人都有一块没人占领的土地，在那里定居下来种植谷物，养猪养牛，只要是能让他们自己和孩子活下来的活儿，他们都干。显然，他们在生活中的机会是相当的。

这些农场最早的主人很多年前移居到埃及。他们每一个人都有一块没人占领的土地，在那里定居下来种植谷物，养猪养牛，只要是能让他们自己和孩子活下来的活儿，他们都干。

那么，其中一个是如何成为统治他的邻居、掌握他们的土地和谷仓却不违反任何法律的统治者的呢？

有一天，在收割之后，鱼先生（你在地图上看到他的名字是用象形符号表示的）把他的谷物用船运到孟斐斯去，卖给埃及中部地区的居民们。当年正是丰收年，于是，鱼先生卖小麦赚到许多钱。10天后乘船回到家里，船长把他赚到的钱给了他的雇主。

几周以后，农场离鱼先生很近的麻雀先生把自家的麦子拿到最近的市场上去卖。可怜的麻雀先生最近几年不太走运。但是，他希望通过卖谷物赚到的利润来弥补最近的亏损。所以，他一直等到孟斐斯的麦子价格上涨了一点儿才来卖。

当天早上，一个说克里特岛上正在闹饥荒的谣言传到了村子里。结果，埃及市场上的谷物价格上涨了很多。

麻雀先生希望通过市场这次出乎意料的变故来赚钱，所以，他催促他的船长把船开得更快些。

掌舵的船长非常笨拙，以至于船撞上一块石头，沉了，被扣在船身下面的船长淹死了。

麻雀不但失去了他的全部谷物和船，还必须付给他那淹死的船长的寡妻10个金币，以作为对她的抚恤。

这次灾难恰恰发生在麻雀不能负担其他损失的时候。

冬天要到了，他没有钱给孩子们买大衣。他已经把买新锄头和铲子的时间往后推了很久，旧的锄头和铲子已经完全用坏了。他没有种地用的种子。他处于极度的困境中。

他不喜欢他的邻居鱼先生，但是他没有别的办法。他必须去谦卑地向他借一小笔钱。

他去拜访鱼先生。鱼先生说，他很乐意让他拥有他想要的一切，不过麻雀先生能提供什么东西做抵押吗？

麻雀说"能"。他可以把他自己的农场作为抵押，以表诚意。

不幸的是，鱼先生对这个农场很熟悉。好几代以来，这个农场是属于麻雀一家的。但是现在这个农场主人的父亲曾经被一个腓尼基商人给狠狠骗了一次。那个商人卖给他一种叫作"弗里吉亚的公牛"（没人知道这个名字是什么意思）的耕牛。据说，这个公牛的品种非常好。它吃得很少，干的活儿却是普通埃及耕牛的两倍。老农夫相信了这个江湖骗子一番郑重的话。他买了这种很不错的耕牛，周围的邻居都嫉妒他。

然而，事实证明这些牛不像说的那样。

它们非常愚钝，动作很慢，出奇地懒。3个星期后，它们生了一种神秘的病，死掉了。

老农夫非常生气，他得了中风，管理农场的事务就交给了他的儿子，他干活很卖力，不过收效却不大。

谷物和船的损失成了他的最后一根稻草。

年轻的麻雀要么饿死，要么向他的邻居借一笔贷款寻求帮助。

鱼先生对他所有邻居的情况都很了解，对麻雀家发生的事更是了如指掌。他认为自己足够强大来坚持一些条件。如果答应以下条件，麻雀就能得到所有他需要的钱。他必须承诺，每年为鱼先生干6个星期的活儿，允许鱼先生在任何时间到他的地里来。

麻雀不喜欢这些条件，不过天越来越短了，冬天很快就要到了，而他的家人们却没有吃的。他被迫接受了这些条件。从此，他和他的儿女们不像原来那样自由了。

他们没有真正成为他们的邻居的仆人或者奴隶，但是，他们依靠他的仁慈来生活。当他们在路上遇到鱼先生时，他们要退到一旁说"早上好，先生"。而他则回答他们，或者不回答，视具体情况而定。

鱼先生现在有了很多水边地，是原来的两倍。

他有更多土地和劳力，能够比前些年种更多的谷物。附近的村民们都谈论着他正在盖的新房子。人们普遍认为，他的财富越来越多，他越来越重要。

那一年的盛夏，一件从未听说过的事发生了。

下雨了。

最老的居民可能不记得这件事，但是，大雨不停地下了两天。人们已经淡忘了的一条小溪，突然变成了一条狂野的洪流。半夜里，它从山里咆哮而下，毁掉了住在山脚下多石头的地上一位农民的收成。这位农民的名字叫作杯子，他也是从他的祖先那里继承了这块地。洪水造成的损失几乎是不可弥补的。杯子迫切需要新的种子。他听说过麻雀的故事，他也不愿意向远近闻名的精明的商人鱼求助。但是，最后他还是到了鱼的家中，谦卑地请求借几蒲式耳的麦子。最后，他同意每年在鱼先生的农场里干上整整2个月的活儿，他才得到了他借的东西。

鱼先生现在经营得很不错。他的新房子建好了，他想，已经到时候该让自己成为一家之主了。

就在路对面，住着一个农民，他有一个年轻的女儿。这个农民叫作刀。他是一个听天由命的人，拿不出一大笔嫁妆给女儿。

鱼先生去拜访了刀，告诉他，他不在乎钱。他很富有，他愿意得到他的女儿，不拿走刀的一分钱。但是刀必须允诺如果他死了，必须把他的土地留给女婿。

就这么定了。

遗嘱当着公证员的面正式签署了，婚礼举行了，鱼先生现在有了（或者说将会拥有）4个农场的大部分。

就在这些农场之间有第5个农场，这是真的。但是他的主人，名字叫作镰刀的人，要想把他的麦子拿到市场上去卖的话，必须得经过鱼先生控制的农田。另外，镰刀也不是一个精力充沛的人，他很乐意地让鱼先生雇用了自己，只要给他和老伴一间屋子，让他们在余生有饭吃有衣穿就行了。他们没有子女，这种安顿保证他们平静地度过晚年。镰刀死后，他的一个远房外甥出现了，声称他对叔叔的田地有权利继承。鱼先生放出狗来，这个家伙就再没出现过。

这些事都是在20年间发生的。

杯子、镰刀和麻雀家的下一代人没有任何质问，他们接受了他们这种生活状况。他们知道老鱼先生是一个"乡绅"，如果他们想在生活上取得成功的话，或多或少得依赖于他的亲善。

老鱼先生死了以后，给儿子留下了很多土地，还有在乡邻们中间的德高望重的地位。

小鱼先生像他的父亲。他非常能干，也很有抱负。当上埃及的国王要与野蛮的柏柏尔部落战争时，他主动要求参战。

小鱼先生作战非常勇猛，国王任命他为皇家收税官，负责300个村子。

常常有一些农民交不起税。

小鱼先生主动提供给他们一些小额贷款。

这些农民不知道，他们正在为这个皇家税务官劳作，既为了还他们借的钱，也是为了付贷款的利息。

一年一年过去了，鱼氏家族在他们出生的那片土地上获得了至高无上的地位。旧房子不再适合这些身份如此重要的人了。

一座宏伟的大厅建起来了。一个高墙竖立起来，使人群对这个家族的人保持距离，以示尊敬。小鱼先生每次出门都有一些武装士兵作为扈从。

小鱼先生每年去底比斯两次拜见国王。国王住在全埃及最大的宫殿里，因此他被叫作"法老"，"大房子"的主人。

在一次去拜谒法老时，小鱼先生带上了鱼三世，家族奠基者的孙子，他是一个英俊的年轻人。

法老的女儿看见了这个青年，想让他成为她的丈夫。婚礼花掉了小鱼先生大部分财富，不过，他仍然是皇家收税官，通过无情地压榨民众，他在不到3年里又装满了保险柜。

小鱼先生死后被埋在一座小金字塔里，好像他是皇家的成员一样，法老的一个女儿在他的坟前哭泣。

这就是我讲的故事。在尼罗河沿岸，在三代里，一个农民从他卑微的祖先的阶层里摆脱出来，走近了国王的宫殿的觐见室。

发生在鱼身上的故事也发生在许多和他一样精力充沛、足智多谋的人身上。

08 埃及的兴起与衰落

我们经常听人说"文明西渐"。我们的意思是说，坚强的先驱者越过大西洋，在新英格兰和新尼德兰沿岸定居下来——他们的儿子们越过广大的草原——他们的孙子们迁移到了加利福尼亚——今天的一代人希望把广大的太平洋长期变成一个最重要的海洋。

事实上，"文明"从来不在一个地方停留太久。它总是向某个地方移动，但是绝不总是向西移动。有时候，它的道路指向东方或者南方。它常常是曲折前进的。但是它总在动。200年或300年以后，文明好像说"我已经跟这些人们在一起足够久了"，然后它把它的书籍、科学、艺术和音乐捆扎起来到新的地方去了。但是没有人知道它要去哪里，正是这才使生活如此有趣。

就埃及的情况而言，文明中心是沿着尼罗河岸向北和南移动的。我跟你们讲过，首先，来自非洲和西亚各地的人们迁徙到尼罗河谷里定居了下来。他们在那里形成了一个个小村子和小镇，接受名叫法老的总司令的统治，法老的首都在埃及低地地区的孟斐斯。

几千年以后，这个古代王朝太虚弱了，无法维持自己。来自上埃及地区朝南350英里的底比斯的一个新的家族想要成为整个河谷地区的主人。在公元前2400年，他们成功了。他们成为上埃及和下埃及地区的主宰，又去征服世界上其

加尔底亚人
亚玛利亚人
耶都利亚人
萨革利亚人
最初的殖民者
历史以前的人

膏腴山谷的土壤 ▶

余的地方。他们向尼罗河源头的方向挺进，征服了埃塞俄比亚。接下来，他们穿过西奈沙漠，侵入叙利亚，当地的巴比伦人和亚述人都害怕他们的威名。对这些周边地区的占领保证了埃及的安全，他们可以开始劳作了，把河谷变成一个幸福的家园，因为所有能够找到的人都在这里居住。他们建了很多新的堤坝，还在沙漠里建了一座大水库，把尼罗河水存在那里，以便在旱期延长的时候使用。他们鼓励人们献身数学和天文学研究，这样，他们就可以确定尼罗河的洪水何时到来。由于这个原因，就需要一个测量时间的方便的方法，他们就把一年确定为365天，分为12个月。

与使埃及人远离所有外国东西的旧传统相反，他们允许埃及商品与从外地运到他们港口的货物进行交换。

他们与克里特岛的希腊人做贸易，与西亚的阿拉伯人做贸易，他们从印度群岛上拿来香料，从中国进口黄金和丝绸。

但是，人类的所有机构都遵循一个进步和衰落的法则，一个国家或王朝也不例外。400年的繁荣之后，这些强大的王国显现出了疲惫的迹象。伟大的埃及帝国的统治者们不再骑着骆驼走在军队的最前面，而是待在宫殿里，听着竖琴或者长笛的乐曲。

一天，一则流言传到了底比斯。野蛮部落的骑手们在前线一路抢掠。一支部队被派出来赶走他们。这支军队行进到了沙漠里。他们被凶猛的阿拉伯人杀了个精光，这些阿拉伯人正向尼罗河挺进，抢走了埃及人的羊群和家什。

另一支军队被派出去阻止他们前进。对于埃及人来说，这场战争是一个灾难，尼罗河谷对侵略者敞开了。

这些侵略者骑着快马，用弓和箭。很快，他们就成了整个国家的主人。他们统治埃及的土地达5个世纪。他们把原来的首都移到了尼罗河三角洲。

他们压迫埃及农民。

他们残酷地统治人们，杀死孩子，粗鲁地对待古代的神祇。他们不喜欢住在城市里，却与畜群待在露天的地里，因此他们被叫作希克索斯人，意思是牧人王。

最后，他们的统治让人忍无可忍。

来自底比斯城的一个贵族家庭成为了反抗外国篡权者的全国革命的首领。这是一场拼死的战斗，不过埃及人胜利了。希克索斯人被赶出埃及，回到了他们原来的沙漠。这场经历对埃及人是一个警告。他们被外国人奴役的500年历史是一个可怕的经历。这样的事绝不能再发生了。祖国的边防必须要强大起来，以便没人胆敢袭击这方神圣的土地。

一个新的底比斯人国王底莫西斯，侵入了亚洲，直到到达美索不达米亚平原才停了下来。他在幼发拉底河里饮牛，他的名字使巴比伦和尼尼微闻之颤抖。他每到一处，都建造坚固的堡垒，这些堡垒之间由精良的道路连通。底莫西斯在建造好了这些防止未来的入侵的防线以后，回到家里就去世了。但是，他的女儿哈特谢普苏特继续着他的善举。她重修了被希克索斯人毁掉的神庙，建立了一个强大的国家。在这里，士兵和商人们为了共同的目的劳作，这个新的国家叫作新帝国，它从公元前1600年延续到公元前1300年。

然而，军事帝国从来不能持续太久。帝国越大，需要保卫它的人就越多，军队里的人就越多，在家务农和经商的人就越少。几年之后，埃及人的国家就变得头重脚轻，原本作为抵御外敌入侵之堡垒的军队，把国家拖到既缺乏人员也缺乏资金的没落之中。

09 美索不达米亚，两河之间的国家

我将带你们到最高的金字塔的顶端去。

那要爬很久。

金字塔是用粗花岗岩石建成的，一开始覆盖在这个人造大山外层的细石早已被磨掉或被偷走去建新的罗马城市了。一只羊得用很长时间才能爬到这个奇怪的顶峰上。但是，在几个阿拉伯男孩的帮助下，我们几个小时就能爬到顶上，我们可以在那儿休息一会儿，远眺一下人类历史的下一章。

在很远很远的地方，在古老的尼罗河取道入海的广袤沙漠的黄沙之上，你会看见一个绿色的闪着微光的东西。

那是一个坐落在两个河流之间的山谷。

那里是古代地图上一个最有趣的地方。

那里是《圣经·旧约》里描绘的天堂。

那方有神秘和奇观的古老土地，希腊人称之为美索不达米亚。

"美索"意为"中部"或"在……之间"，"不达米亚"是希腊语，意为河。因此，美索不达米亚的意思是一片在"两条河之间"的土地。这里的两条河是指幼发拉底河——

巴比伦人称为"普拉图"和底格里斯河——巴比伦人称为"地克莱特"。你在地图上可以看见这两条河。他们从亚美尼亚北部的雪域发源，缓慢流过南部平原，最后到达波斯湾的泥岸，消失在这个印度洋的支流的波涛中。不过，在这之前，它们完成了一个巨大而有用的任务。

他们把一片非常贫瘠干旱的土地变成了西亚唯一一个土壤肥沃的地区。

这会使你明白，为什么美索不达米亚住着来自北部山区和南部沙漠的众多居民。

所有的生物都喜欢舒适，这是一个广为人知的事实。下雨了，猫会急匆匆地到能避雨的地方去。天气冷的时候，狗会在火炉前找到一个位置。当海水的某一部分比以前更咸，大量的小鱼迅速游到广阔海洋的另一片水域。很多鸟类是每年固定地从一个地方迁移到另一个地方。天气渐渐变冷的时候，鹅就离开；第一批燕子回来的时候，我们知道，夏天要对我们微笑了。

人类并不是这个规律的例外。与寒风相比，他更喜欢温暖的火炉。如果让他在丰盛的一餐和一片干面包之间选择，他更喜欢丰盛的饭食。如果完全必要的话，他会住在沙漠里或者北极地区的冰雪中。但是，如果给他一个居住环境更好的地方，他会毫不犹豫地接受。这种改善环境的欲望实际上意味着一种让生活更加舒适，少一些乏味的欲望，它是促进世界进步的强大力量。

10 苏美尔楔形文字

　　1472年，哥伦布发现美洲前不久，一个叫作乔萨夫·巴尔巴罗的威尼斯人穿过波斯，翻过设拉子附近的山，见到了一番景象，让他很困惑。设拉子的山上都是古庙，这些庙都嵌在山腰的岩石中。古代的朝拜者们早已消失很多世纪了，庙宇破败不堪。但是在庙的墙上有一些清晰可见的符号，巴尔巴罗看到用一种奇怪的符号写成的长长的传奇故事。这些符号看上去就像是用一个锋利的钉子刻上去的。

　　回去以后，他向他的同乡们提起了他的发现，但是，当时土耳其人正在威胁侵略欧洲，人们都太忙乱，无暇顾及在西亚中心地带某处的一个新的从未听说过的字母体系。因此，波斯人的镌刻很快就被遗忘了。

　　两个半世纪以后，一个名叫皮耶罗德拉瓦里的罗马贵族青年，参观了200年前巴尔巴罗经过的同一个地方——设拉子的那些山腰地带。他对废墟上的雕刻困惑不已，而且，他又是一个非常仔细的人，所以他把这些符号小心地抄下来，把他的报告连同一些关于这次旅行的记录一同拿给了他的一个朋友西帕诺博士，这位博士在那不勒斯行医，而且对学术问题也有兴趣。

　　西帕诺抄下了这些奇怪的小符号，把它带给其他从事科学研究的人，引起了他们的注意。遗憾的是，欧洲此时再一次忙于其他事情。

新教徒和天主教徒之间的可怕战争爆发了，人们忙于杀戮那些对于宗教的本质问题的一些观点与他们不同的人。

又一个世纪过去了，那些楔子形状的镌刻还是没有被认真地着手对待。

18世纪——对于那些积极而有好奇心的人们来说，是一个令人高兴的时代——喜欢解决各种科学之谜。因此，当丹麦国王弗里德里希五世要求学者们组织一次去西亚的探险时，志愿者不计其数。探险队于1761年离开哥本哈根，历时6年。这期间，所有的成员都死了，只有一个名叫卡斯坦·尼布尔的人活了下来。他早年是一个德国农民，比那些整日待在图书馆里闷人的书堆里的教授们更能忍受艰苦。

这位尼布尔是一位专业勘测员，他是一位值得我们钦佩的年轻人。

他独自一人继续着探险，最后到达了波斯波利斯的废墟，他在那里待了一个月，把每一个雕刻的符号都抄了下来，这些符号在宫殿和庙宇的墙上能找到。

回到丹麦以后，为了科学研究，他发表了他的发现，并很认真地尝试解读这些文本的意思。

他没有成功。

可是，如果我们了解了他的困难，就不会对他的失败觉得惊讶。

商博良破解古埃及的象形文字，是从小的图画开始着手的。

波斯波利斯的文字没有任何图画。

他们由无限重复的V形的符号组成。在欧洲人看来，这没有任何意义。

今天，谜团被揭开之后，我们知道，苏美尔人的最初文字是一种图画语言，与埃及文字很像。

但是埃及人很早就发现了纸草，能够在光滑的表面上画下图像，而美索不达米亚的居民不得不把他们的话刻在山腰的硬石头上，或刻在一片柔软的泥砖里。

根据需要，他们逐渐把原来的图画简化了。后来，他们发明了一个适合他们需要的500多个字母的不同组合的系统。

我给你举几个例子。开始，一个星星，用钉子刻到一块砖里，是像这样的 ✳ 。

可是，一段时间以后，星星的形状被废弃了，因为它过于复杂。于是星星的符号变成了这个 ✳ 。

后来"天"的意思被加到"星星"里面，于是图画被这样简化了，▬， 这使它更像是一个谜。

同样地，一只公牛的符号从 ⛥ 简化为 ⛭ 。

一条鱼的符号从 🐟 简化为 ⛭ 。

本来是一个圆圈的太阳变成了 ⬠， 如果我们今天用苏美尔文字，会把一个 ⬡ 写成 ⬢ 。

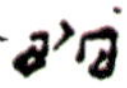

楔形文字的刻石

你应该明白了猜到这些符号的意思有多么困难。不过，一位叫作哥浩特芬的德国校长经过耐心研究，终于有了收获，在尼布尔的文章初次发表30年以后，在这种楔形文字最初发现的3个世纪之后，4个符号被破译了。

这四个字母是D、A、R、Sh。

它们组成了国王达厄斯的名字，我们叫作达赖厄斯。

后来，发生了一件只有在电报线和邮船把整个世界变成一个大城市之前那些快乐的时光里才能发生的事。

53

就在耐心的欧洲教授们还在午夜里点着蜡烛研究新的亚洲谜团的时候，年轻的亨利·罗林森正在英国东印度公司里做培训军官。

他利用业余时间学习波斯语，波斯的沙①要求英国政府拨一批军官训练他自己的军队，罗林森被派往德黑兰，他游历了整个波斯。一天，他参观了贝希斯敦村。波斯人把它叫作巴基斯塔尼亚，意为"众神居住的地方"。

几个世纪以前，从美索不达米亚到达伊朗的干道穿过这个村子，波斯国王达赖厄斯用高高的悬崖上面的峭壁告诉全世界，他是如何伟大的一个人。

在路边的高处，他刻下了对于他的丰功伟绩的记述。

这些镌刻是用波斯语、巴比伦语和苏萨城的方言写成的。为了使那些不会读的人也能看懂这个故事，有一幅很精美的雕塑画加了进来，展示了获胜的波斯国王把他的一只脚踏在图谋篡取合法统治者王位的古马塔身上。另外还加上了一些古马塔的随从。他们站在背景里。他们的手被缚住，马上就要被处死。

这幅画和三片正文是在路边几百英尺高的石头上。不过，罗林森冒着摔断四肢的威胁和生命危险爬到上面，把整个正文抄了下来。

他的发现极为重要。

贝希斯敦村的石碑与罗塞塔石碑一样著名，罗林森与哥浩特芬分享了破译古老的楔形文字的荣誉。

尽管他们两人从未见面，也没有听说过彼此的名字，德国的校长和

---

① 古伊朗国王的称号——译者注。

英国的军官为了一个目的共同努力着，就像所有的优秀科学工作者应该做的那样。

他们的那些古老文本的副本在各国出版，到了19世纪中期，楔形文字的秘密完全被解开了。另一个人类之谜被解开了。

但是，对于发明了这种聪明的写字方法的人们我们所知不多。

他们是白人部落，叫作苏美尔人。

他们住在一个我们称为苏美的地方，他们自己称为肯基，意为"芦苇之国"，说明他们住在美索不达米亚山谷的沼泽地区。

苏美尔人本来是居住在山区的。后来，肥沃的土地诱使他们离开了山区。但是，离开西亚群山的古老家园以后，他们并没有放弃旧的习惯，其中一个习惯尤其吸引我们。

住在西亚的群山里，他们崇拜在山巅祭坛上的神灵。在新的家园，平坦的平原上没有这种大石，因此就不可能用以前的方法来建圣坛。苏美尔人不喜欢这样。

所有亚洲人都非常敬重传统，苏美尔的传统要求一个圣坛必须在方圆几英里外就能够看见。

为了克服这个困难，与从他们父辈就开始崇拜的神灵们和平相处，苏美尔人建造了一些低塔，在上面点燃圣火，向古老的神灵表示敬意。

在最后一个苏美尔人死去的很多世纪以后，当犹太人参观巴布艾莱（我们称为巴比伦）的时候，他们对这些高耸在美索不达米亚绿油油的田野上的奇怪的塔留下了深刻印象。在我们经常听到的《圣经•旧约》里的巴别塔，只不过是几千年前一群虔诚的苏美尔人建造的一个人造的山峰的废墟而已。这是一个奇特的发明物。

苏美尔人不知道如何建楼梯。

他们在塔的周围建了一个陡峭的长廊，把人们缓慢地从塔底部带到顶端。

几年以前，需要在纽约市中心地带建造一个新的火车站，而且建造的方法要保证上万名旅客能同时从低层上到高层去。

用楼梯被认为不安全，因为一旦发生拥挤或恐慌，人们可能摔下来，会导致可怕的灾难。

工程师们从苏美尔人那里借鉴了一个办法来解决这个问题。

大中央车站采用了3000年前美索不达米亚平原上建造过的、同样的向上倾斜的长廊。

巴别塔 ▶

11 亚述和巴比伦王国——闪米特大熔炉

　　4000年前，闪米特沙漠地区的一个叫作阿卡德的部落离开阿拉伯半岛，打败了苏美尔人，征服了美索不达米亚。这些阿卡德人最著名的国王叫作萨尔贡。

　　萨尔贡教会人们如何用他们占领了其领土的苏美尔人的符号系统来写自己的闪族语言。他的统治非常英明。很快，原住民和入侵者之间的区别消失了，他们成为好朋友，和平融洽地住在一起。

　　萨尔贡帝国的名声很快在西亚传遍了，其他听到这个成功故事的人想到此碰碰运气。

　　一个叫作亚摩利的新的沙漠游牧部落毁掉帐篷，向北迁徙。

　　随即，山谷里一片混乱，最终，一位名叫汉谟拉比的亚摩利首领在巴布艾莱城（意为上帝之门）内立足，并成为一个大的巴布艾莱或巴比伦帝国的统治者。

　　这位生活在公元前21世纪的汉谟拉比，是一位非常有趣的人。他使巴比伦成为古代世界最重要的一座城市，博学的教士们在那里执行他们伟大的统治者自己从太阳神那里得到的法律，商人乐于在那里做贸易，因为他被公正体面地对待。

汉谟拉比，是一位非常有趣的人。他使巴比伦成为古代世界最重要的一座城市，博学的教士们在那里执行他们伟大的统治者自己从太阳神那里得到的法律，商人乐于在那里做贸易，因为他被公正体面地对待。

真的，要不是因为篇幅有限，我就能让你们看到，这个古代的巴比伦国家在很多方面比我们许多现代国家管理得更好，人民更幸福，法律和秩序维持得更好，言论和思想也更加自由。

但是，我们的世界从不可能太完美。不久之后，一帮帮粗野残忍的人从北部山区下来，破坏了汉谟拉比的天才创造。

这些新的入侵者是赫梯人。对于这些赫梯人，我所能告诉你们的比苏美尔人还少。《圣经》里提到过他们。他们遗留下来的文明废墟到处都是。他们使用一种奇怪的象形文字，但是，至今还没有人破译这些文字，读懂它们的意思。作为管理者，他们不是很有天赋。他们只统治了几年，领土就分崩离析了。

在他们全部的荣耀里，只有一个神秘的名字，以及一个毁掉了其他人民历经痛苦小心建造起来的很多东西的名声。

又一场侵略开始了，但是它的性质很不一样。

一个以他们的神灵阿舒尔的名义杀人掠夺的凶猛沙漠游牧民族离开阿里巴巴向北挺进，到达了山的陡坡。然后他们东进，沿着幼发拉底河建立了一座城，他们被称为尼努阿。这个名字以希腊语的形式传下来，今天叫作尼尼微。这些被认为是亚述人的新来者立即对所有美索不达米亚的其他居民开始了一场缓慢而可怕的战争。

基督诞生前的12个世纪，他们发动了第一场战争，想要破坏巴比伦，但是在他们的国王提格拉特帕拉沙尔取得第一场胜利之后，他们就被打败了，回到自己的国家。

500年以后，他们再次发动战争。一个名叫布鲁的敢于冒险的将军成为亚述王权的主人。他采用了被认为是亚述民族英雄的提格拉特帕拉沙尔的名字，宣布了他征服全世界的企图。

他说到做到。

小亚细亚、亚美尼亚、埃及、北非、波斯西部和巴比伦王国成为亚述的省。它们都被亚述的官员们统治着，这些人征收赋税，强迫所有年轻人在亚述军队里做士兵。人们鄙夷他们，恨透了这些贪婪而残忍的家伙。

幸运的是，处于顶峰时期的亚述帝国没有存在太久。它就像一条有太多桅杆和船帆，船身却很小的船。士兵的数量过多，却没有足够的农民——将军太多，商人却不足。

国王和贵族们变得非常富有，百姓却生活在恶劣的环境和贫穷中。国家没有一刻是太平的。国家总是在与某地的某个人进行着战争，而战争的理由百姓们丝毫没有兴趣。终于有一天，连续不断的、使人疲惫不堪的战争使得多数亚述士兵战死了或受了重伤，需要让外国人加入军队。这些外国人毫不热爱破坏了他们的家园、偷走他们的孩子的残忍的主人，因此，他们的仗打得很糟糕。

亚述边境的生活不再安全了。

陌生的新部落不断袭击北部边疆。其中有一个部落叫作辛梅里安族。我们第一次听说辛梅里安族的时候，他们住在北部山区上的广大平原。荷马在他关于奥德修斯的旅行中描述了他们的国家。他告诉我们，那是一个"永远浸透在黑暗中"的国家。他们是一个白人部落，是被另外一个亚洲游牧民族斯基泰人赶出原来的家园的。

斯基泰人是现代哥萨克人的祖先，早在那个遥远的年代，他们就以骑术闻名。

辛梅里安族不堪斯基泰人的压迫，穿过欧洲到达亚洲，征服了赫梯人的土地。然后，他们离开小亚细亚山区，下到美索不达米亚山谷，在亚述帝国赤贫的人民中间引起了大混乱。

尼尼微要求自愿者们来停止这场侵略。它的破败的军团开赴北方，这时却传来了一个消息，更加紧急，更加危险可怕。

很多年来，一支叫作迦勒底的小闪米特游牧民族平静地住在一个叫作乌尔的国家肥沃山谷的东南地区。突然，这些迦勒底人走上了战争的道路，开始了对亚述人的一系列战役。

从未得到任何一个邻国好感的亚述国四面受到攻击，注定要毁灭。

尼尼微毁灭后，这个曾经禁止进入、装满了几个世纪劫掠来的财富的宝库最后被摧毁了，从波斯湾到尼罗河的每一个房舍里，人们拍手称快。

过了几代，当希腊人参观幼发拉底河时，问这些覆盖着灌木和树的巨大废墟是什么，没有人告诉他们。

人们恨不得快点儿忘记这个曾经如此残酷、无情压迫他们的城市的名字。

尼尼微

尼尼微被摧残

另外，巴比伦统治它的人民的方法很不一样，它又复活了。

在英明的国王尼布甲尼撒漫长的统治时期，古代庙宇重建了。很短时间内，广大的宫殿竖立起来。山谷里开凿了新的水道，灌溉农田。互相争吵的邻居们被严惩。

埃及退化为一个边境省，犹太人的首都耶路撒冷被毁。《摩西五经》被拿到巴比伦，几千名犹太人被迫作为人质，随巴比伦国王到达他的首都，以保证留在巴勒斯坦的犹太人好好表现。

但是，巴比伦被建成了古代世界七大奇观之一。

树在幼发拉底河沿岸种植起来。

花放在许多城墙上生长，几年以后，好像有一千个花园悬垂在古城的顶上。

迦勒底人一把首都变成世界的参观地，就把注意力集中到了思想和灵魂方面的事务上去。

像所有沙漠地区的居民一样，他们对那些在夜晚指引他们安全穿过没有道路的沙漠的星星非常感兴趣。

他们研究天象，命名了黄道十二宫。

他们制作天图，发现了最早的五个行星。他们以他们的神灵的名字给这些行星命名。罗马人征服美索不达米亚以后，把迦勒底名翻译成拉丁语，这解释了为什么今天我们谈论的是丘比特（木星）、维纳斯（金星）、马尔斯（火星）、墨丘利（水星）和萨杜恩（土星）。

他们把赤道分成360度，把一天分成24小时，每小时分成60分钟，没有任何一个现代人能够对这个古老的巴比伦发明做出改进。他们没有表，但是他们通过日晷来计量时间。

他们学习使用十进制和十二进制系统。十二进制解释了60分钟、60秒和24小时的划分形式，这与我们今天的现代社会好像没有任何共同之处。根据严格的十进制，我们本应该把白天和夜晚分成20小时，每小时分成50分钟，每分钟分成50秒。

迦勒底人也是最先认识到有必要设定一个固定的休息日的民族。

他们把一年分成星期，规定每6天劳动以后应该有一天奉献给"灵魂

迦勒底人

的平静"。

这样一个有如此才智和勤奋的中心不能永存，是一个巨大的遗憾。但是，即使一些最英明的国王也无法把古代美索不达米亚的人们从他们的最终命运中拯救出来。

闪米特的世界正在走向衰落。

一个新种族的人的时代到来了。

公元前5世纪，一个叫作波斯的印—欧民族（后文将会讲到他们）离开他们在伊朗的高山中的牧场，征服了这里肥沃的山谷。

没有任何抵抗，巴比伦城就被占领了。

巴比伦的最后一位国王那波尼德斯，这位对宗教问题比对保卫国家更感兴趣的君主，逃走了。

几天以后，他留在巴比伦的小儿子死了。

波斯国王赛勒斯隆重安葬了这个孩子，然后宣布，自己是巴比伦旧的统治者的合法继承人。

美索不达米亚作为一个独立国家的历史结束了。

12 摩西的故事

　　在远处一条细细的地平线上方高处，出现了一小团尘雾。一位在肥沃土地边缘的贫瘠田野里干活儿的巴比伦农民看到了它。

　　"又有一个部落要侵入我们的土地了"，他心想，"他们不会取得胜利的。国王的士兵们会把他们赶走"。

　　他猜对了。前线的卫兵们拔剑"欢迎"这些新来者，命

牧羊人

摩西在西奈山顶峰的雷声中接受神圣的"十诫"。

令他们到别处去。

他们沿着巴比伦边境向西游荡，到达了地中海沿岸。

他们在那里定居下来，饲养畜群，过着简单的生活，他们居住在乌尔的最早的祖先们就是这样生活的。

有一段时间，不再下雨了，人畜都没有足够的食物，必须要去寻找新的牧场，否则他们就得饿死。

这些牧羊人（被称为希伯来人）把家搬到了他们在埃及附近的红海沿岸发现的新家园。

但是，饥饿和匮乏一路上伴随着他们，他们不得不到埃及官员那里乞求食物。

埃及人很久之前就预料到要有饥荒。他们建了巨大的谷仓，里面装满了过去7年里剩余的小麦。这些麦子现在正在分发给人们，一个放粮官负责把麦子均等地分给富人和穷人。他的名字叫作约瑟，属于希伯来部落。

还是小孩的时候，约瑟就从家里逃走了。据说他是为了避免引起兄弟们对他的愤怒——他们嫉妒他，因为他是父亲最喜欢的孩子。

不管真相是什么，约瑟到了埃及，获得了希克索斯国王们的宠爱，国王们刚刚征服了这个国家，让这个聪明的年轻人辅佐他们管理新的王国。

饥饿的希伯来人出现在约瑟面前请求帮助的时候，约瑟立刻认出了自己的亲戚们。

但是，约瑟是一个慷慨的人，他没有一点儿刻薄的缺点。

他没有报复那些曾经错怪他的人，他给他们麦子，允许他们、他们的孩子和畜群在埃及的土地上定居下来——幸福地生活。

很多年里，希伯来人（更普遍地被称为犹太人）住在接受他们的国家的东部，一切都很不错。

后来，一个巨大的变化发生了。

一场突然的革命剥夺了希克索斯国王们的王权，他们被迫离开埃及。埃及人又一次成为了他们自己的土地的主人。他们对外国人从来没有什么好感。300年来一群阿拉伯牧羊人的压迫更是大大增强了他们对每一样外国东西的憎恨。

另外，希伯来人与同他们有血缘和种族关系的希克索斯人关系很好。这足以使他们成为埃及人眼中的叛徒。

约瑟已经去世了，无法保护他的人民。

一场简短的斗争后，他们被赶出家园，被赶到国家中心地区当奴隶。

很多年里，他们做着普通劳力做的枯燥工作：为建金字塔搬石头，为公共建筑制砖，修路，挖运河——使尼罗河的水流到远处的埃及农场里去。

他们遭受了巨大的痛苦，但他们从来没有失去勇气，他们就要得救了。

有一位年轻人名叫摩西。他非常有才干，接受过良好的教育，因此埃及人决定他应该为法老效力。

如果不是一些事引起了他的愤怒，摩西可能会成为一个小省的省长或者一个郊区的收税官，平静地终老。

但是，我给你们讲过，埃及人鄙夷那些长得不像他们的人，还有那些穿着不是真正埃及风格的人，他们很容易侮辱这些人，因为这些人与他们"不同"。

因为外国人占少数，他们不能很好地保护自己。把他们的怨言带到法庭上也不会有任何好结果，因为法官不会对一个拒绝崇拜埃及神祇、用浓重的外国口音申述案件的人的冤情报以微笑。

一天，摩西跟他的几个埃及朋友一起走路，其中一个人说了一些对犹太人非常不友善的话，甚至威胁要伤害他们。

摩西是一个脾气暴躁的青年，于是打了这个人。

他下手重了点儿，那个埃及人倒下死了。

杀死一个埃及人是一件可怕的罪行，埃及法律不像英明的巴比伦国王汉谟拉比的法律那样，承认一起有预谋的谋杀和一个人因受到侮辱而在失去理智的盛怒下实施的杀害是不同的。

摩西逃走了。

他逃回了红海东岸米甸沙漠里他的祖先的土地，几百年前他的部落曾经在这里饲养羊群。

一位叫作杰特罗的善良的祭司在他的房子里接纳了摩西。杰特罗有7个女儿，他把其中的一个女儿西坡拉嫁给了摩西。

摩西在那里生活了很久，他考虑了很多问题。他离开了法老皇宫奢华舒适的生活，去过一个沙漠祭司艰苦简单的生活。

在古代，犹太人进入埃及以前，他们也曾经在无际的阿拉伯平原上游荡。他们住在帐篷里，吃着简单的食物，男人们诚实，女人们忠贞，有很少的一点财产已经很满足，但是，他们为他们的品行正直而骄傲。

在受到埃及文明影响之后，这一切都变了。犹太人开始喜欢埃及人那种追求舒适的生活方式。他们允许别的部落统治他们，他们不再为了独立而斗争。

犹太人不再崇拜大风侵袭的沙漠里的古老神祇，却开始崇拜住在黑暗的埃及庙宇里闪闪发光的奇怪神灵。

摩西觉得，他有责任把他的同胞从他们的命运中拯救出来，把他们带回到古代那个崇尚朴素的真理的年代。

于是，他给亲戚们发去讯息，鼓励他们离开为奴的土地，回到沙漠里，和他在一起。

但是，埃及人得知了这个消息，对犹太人的看管比以前更紧了。

看起来摩西的计划注定要失败，可是，尼罗河谷地区突然爆发了一场流行病。

一贯非常严格地遵循养生之道（这是在艰苦的沙漠生活中学到的）的犹太人逃脱了这场疾病，而身体虚弱的埃及人则死了数十万人。

在这场死亡导致的混乱和恐慌中，犹太人整理好他们的财物，匆匆逃离了这个曾经许诺过他们太多，但是给予他们太少的国家。

埃及人一得到他们逃跑的消息，就立即派出军队来追赶他们。可是士兵们染病了，犹太人成功逃走了。

摩西

他们安全了，自由了，他们向东迁到西奈山山脚下的荒地上，西奈山的顶峰是以巴比伦的月神西命名的。

在那里，摩西开始统治他的同胞，开始了他伟大的改革事业。

那个时候，与所有其他民族一样，犹太人崇拜很多神灵。他们在埃及时，甚至学着向那些埃及人非常看重的动物表示敬意。埃及人为了自己的特殊好处，甚至为这些动物建造神殿。另外，在漫长孤独地居住在半岛多沙的山区期间，摩西学会了崇拜强大的暴风雨和雷之神——他统治着天宇，依靠他的友善，沙漠里的游牧部落才有生活、光和呼吸。

这位神灵叫作耶和华，他是一个伟大的神，西亚的闪米特人都对他极为敬畏。

经过摩西对人民的教化，他将成为犹太部落唯一的主宰。

一天，摩西从希伯来人的帐篷里消失了。

他带着两片粗糙的毛石。人们窃窃私语说，他去西奈山的最高峰上隐居了。

那天下午，西奈山顶从人们的眼前消失。

是一场可怕的暴风雨带来的黑暗把它藏起来了。

但是，当摩西回来的时候，看啊！……在那两片毛石上刻着耶和华在轰轰雷鸣和炫目的闪电之间说的话。

从此，没有犹太人敢怀疑摩西的权威。

13 耶路撒冷——律法之城

巴勒斯坦是在叙利亚山区和地中海的碧波之间的一小条狭长地带。从远古时代就有人在那里居住，但是我们不太知道谁是最初的定居者，我们管他们叫迦南人。

迦南人属于闪米特族。他们的祖先像犹太人和巴比伦人一样，是沙漠部落。但是，在犹太人进入巴勒斯坦的时候，迦南人住在城镇和乡村。他们不再是牧羊人，而是商人。实际上，在犹太语里，迦南人和商人是一个意思。

他们建造了四面是高墙环绕的坚固城池，不允许犹太人进入城门，却又强迫他们待在旷野，在山谷中长满草的土地上建立家园。

可是，一段时间以后，犹太人和迦南人成了朋友。这并不很难，因为他们属于同一个民族。另外，他们害怕一个共同的敌人，只有联合起来才能保卫他们的国家不受到这些危险的邻人的侵略。这邻人是非利士人，属于一个完全不同的民族。

非利士人完全没有理由待在亚洲。他们是欧洲人，他们最早的家园在克里特岛上。他们是什么时候在地中海沿岸定居的，这一点相当模糊，因为我们不知道印欧侵略者是什么时候把他们从岛上的家园赶走的。但是即使是把他们叫作普拉萨提的埃及人也很惧怕他们，非利士人（他们戴羽毛头饰，就像我们的印第安人）走上战争之路时，西亚的所有人民派出大批部队来保卫边疆。

非利士人和犹太人之间的战争从没有停止过。因为虽然大卫杀死了歌利亚（他穿着一套盔甲，在当时是很奇特的，毫无疑问这是从塞浦路斯进口的，塞浦路斯是古代世界发现铜矿的地方），虽然参孙把自己和敌人埋在大衮神庙的下面，对非利士人进行了大屠杀，非利士人总是能够证明，犹太人不是他们的对手，他们从不允许希伯来人控制任何一个地中海的港口。

因此，犹太人注定只好住在巴勒斯坦东部山区。在一个贫瘠的山上，他们建起了首都。

耶路撒冷

　　这个城市的名字叫作耶路撒冷，在30个世纪里，它是西方世界最神圣的一个地方。

　　在过去未知的晦暗年代里，和平之城耶路撒冷是埃及人的一个加固了的军事前哨。埃及人沿着巴勒斯坦山边建造了很多小的堡垒和城堡，以抵御来自东方的袭击，保卫偏远的边疆。

　　埃及帝国毁灭以后，一个当地部落折布赛特迁到了被遗弃的城里。然后犹太人来了，经过一场长期的斗争，他们夺得了城市，把它作为他们的大卫王的居所。

　　最后，在经过多年漂泊之后，律法石片到达了一个可以永久安放的地方。智者所罗门决定，为它们提供一个宏伟的家。他的信使们到世界各地搜寻稀有的木材和贵金属。全国奉献出财富，使得上帝之屋名副其实。庙宇的围墙越建越高，来保卫千秋万代的耶和华的神圣律法。

　　可是，人们期望的永恒结果只存在了一个短暂的时期。因为他们自己就是充满敌意的邻人们中间的入侵者，又被四面八方的敌人包围，还遭到非利士人的骚扰，这些犹太人的独立并没有维持很久。

　　他们很善战，也很勇敢。但是，他们的小小国家被心胸狭隘的嫉妒削弱了，轻易就被亚述人、埃及人和迦勒底人打败了，巴比伦国王尼布甲尼撒在公元前586年占领耶路撒冷，他毁掉了这个城市和神庙，圣石毁于一场大火。

　　犹太人立即开始重修他们的圣殿。但是，所罗门的光荣时代已经过去了。犹太人是一个外国民族的臣民，钱是很少的。他们用了70年才重建了古老的宫殿。宫殿平安矗立了300年，但是，第二次侵略发生了，燃烧着的宫殿的红色火焰又一次照亮了巴勒斯坦的天空。

当它第三次重建的时候，城市的周围被两个建有窄门的高墙围绕，城内加了几个天井，以防御突然的入侵。

可是，坏运气依旧跟随着耶路撒冷城。

公元前65年，在将军庞培的带领下，罗马人攻占了犹太人的都城。他们讲究实际的头脑对这个有着歪歪斜斜的黑暗街道和许多肮脏的小巷的城市并不友好。他们把这些古老的垃圾（他们认为是）清扫干净，建了新的兵营、大公共建筑、游泳池和运动场，把他们的现代设施强加给不情愿的民众。

没有实际用途的神庙（他们认为是的）被荒废了，直到希律的时代到来。承蒙罗马人的武力，希律成为了犹太国王。他非常虚荣，希望回

希律

到古代的荣光。于是被压迫的人们开始不甚热心地劳作起来，服从一个不是他们自己选举出来的主人的命令。

当最后一块石头被放在正确位置的时候，反对无情的罗马收税官的又一场革命爆发了。神庙成了这次暴动的第一个受害者。提图斯皇帝的士兵们迅速点火烧了这个古老的犹太信仰的中心。但是，耶路撒冷城幸存了下来。

巴勒斯坦仍然是一片动荡的景象。

虽然罗马人熟悉各种民族、统治着有上千个不同神祇被崇拜的许多国家，但是，他们不知道怎么管理犹太人。他们完全不理解犹太人的性格。罗马成功建立它的强大帝国是基于极度的坚忍（在冷漠的基础之上）。罗马官员从不干涉臣民部落的宗教信仰。他们要求居住在罗马境内边远地区的人们在神庙里放一张皇帝的图画或者雕像。这只是一个礼节，并没有任何深刻的含义。但是，对于犹太人，这是严重的渎神行为，他们不会用一个罗马君主的刻像来亵渎万圣之圣。

他们拒绝了。

罗马人坚持。

这件无足轻重的小事引起了误解，导致了进一步的敌意。在皇帝提图斯时期的暴动发生之后52年，犹太人再次起义。这一次，罗马人决定把他们的破坏进行到底。

耶路撒冷被毁灭了。

神庙被烧毁。

一个新的罗马城市——阿里亚卡匹托尔，在所罗门的古老城市的废墟

耶路撒冷被毁灭。

上建立起来。

　　一个供奉丘比特的异教徒神庙在虔诚的人们曾经崇拜耶和华近千年的地方建了起来。

　　犹太人被赶出首都，上万人从祖先的土地上被赶走。

　　从此，他们成为在全球游荡的民族。

　　但是，圣律不再需要放在一个皇家圣祠的安全保护下了。

　　他们的影响早已越过了犹太王国的狭窄土地。在任何情况下，正直的人们都要正直地生活，这些圣律已经成为了活着的正义的象征。

14 大马士革——贸易之城

埃及的古城已经从地球上消失了。尼尼微和巴比伦成为尘沙和砖瓦的废墟。曾经荣耀的耶路撒冷古代神庙被埋在发黑的废墟之下。只有一个城市经受住了岁月的考验——大马士革。

在它的坚固城墙和四座大门里面，一群忙碌的人们从事着他们日常的职业，这个职业已经持续了5000年，城市的商业要道"直街"见证了150代人的来来往往。

大马士革出身卑微。一开始，它是亚摩利人的一个边疆设防小镇。亚摩利人是一个著名的沙漠部落，曾诞生了著名的伟大国王汉谟拉比。当亚摩利人继续东进，到达美索不达

大马士革

米亚山谷里去建巴比伦王国时，大马士革继续作为一个与住在小亚细亚山区的赫梯蛮族通商的贸易站。

在一个适当的时间，这里最早的居民被另一个叫作阿拉姆的闪族部落吞并了。虽然发生了许多变故，但是，城市并没有改变它的性格。它仍然保持着一个重要的商业中心的地位。

它坐落在从埃及到美索不达米亚的一条干道上，从地中海港口到达那里需要一周时间。它不出产伟大的将军、政治家，也没有著名的国王。它没有征服过邻国一英里的土地。它与全世界通商，为商人和工匠提供安全的家。它不经意地把它的语言赠予西亚的大部分地区。

商业往来要求各国之间要有迅捷实用的交流手段。古代苏美尔人复杂的楔形文字对于阿拉姆的商人来说太难了。他们发明了一套比巴比伦古老的楔形文字写起来快得多的字母。

阿拉姆人的口语依照他们的商业信函。

阿拉姆语成为了古代世界的英语。在美索不达米亚的多数地区，人们理解它就像理解本族语那样容易。在一些国家，它实际上取代了旧的部落方言。

基督对大众布道的时候，他没有使用摩西向他的同胞们解释律法时用的古代犹太人的语言。

他使用的是阿拉姆语，商人的语言，这种语言已经成为古代地中海世界普通民众使用的语言。

15 航海穿越地平线的腓尼基人

开拓者是一个勇敢的人，他的好奇心鼓舞着他前进。他住在高山脚下。上万人也住在这里，但是他们对山不管不问。

可是，这位开拓者对此并不满足。他想知道大山里隐藏着怎样的神秘。山后是另一座山吗，还是一片平原？峭壁是突然从海洋的凶险波涛里升起的，还是俯瞰着一片沙漠？

在晴朗的一天，真正的开拓者离开了家人和安全舒适的家去探寻了。也许他会回来把他的经历告诉给对此漠不关心的亲戚们，或者他会被滚落的岩石和变化莫测的暴风雪夺去性命。那样的话，他就根本不会回来，他的那些好邻居们会摇摇头说："他是活该。他为什么不像我们这样待在家里呢？"

但是，世界需要这样的人，他们死去很多年以后，其他人从他们的发现中获益，他们总能得到一个刻着合适的铭文的雕像。

比最高的山峰更可怕的，是远处细细的地平线。它好像是世界的尽头。天堂同情那些穿越了这个海天交接的地方的人，那里一切都是黑色的绝望和死亡。

在建造出了第一艘粗陋的船以后的一个又一个世纪里，人一直待在一个看得见熟悉的岸边的愉快的地方，远离地平线。

开拓者想知道大山里隐藏着怎样的神秘。山后是另一座山吗，还是一片平原？峭壁是突然从海洋的凶险波涛里升起的，还是俯瞰着一片沙漠？

然后，不知畏惧的腓尼基人来了。他们越过了视线所能看到的土地。突然，可怕的海洋变成了一个平静的商业干线，地平线的可怕威胁成了谎言。

这些腓尼基航海探险家是闪族人。他们的祖先曾与巴比伦人、犹太人和其他种族的人共同住在阿拉伯沙漠。但是，当犹太人占领巴勒斯坦的时候，腓尼基人的城市已经是有几个世纪历史的古城了。

有两个腓尼基商业中心，一个叫蒂尔，另一个叫西顿。它们建在高高的悬崖上，传说没有敌人能够攻得下它们。它们的船航行到各处，把地中海的商品聚集起来，为美索不达米亚的人民谋福利。

一开始，水手们只是到达遥远的法国和西班牙沿岸，与当地人进行易货贸易，然后带着谷物和金属匆匆回家。后来他们在西班牙海岸、意大利、希腊和遥远的锡利群岛建立了设防的贸易站。锡利群岛正是发现了宝贵的锡的地方。

对于未开化的欧洲蛮族来说，这样一个贸易站是一个梦想中的美丽奢华之地。他们请求准许住在城墙附近，看着美妙的景象。有很多船帆的船进到港口，带着他们不认识的、来自东方的令人艳羡的货物。渐渐地，他们离开简陋的小屋，在腓尼基堡垒周围建造小木屋。这样，很多贸易站发展成了周围所有人的集市。

今天，马赛和加的斯这样的大城市以它们的腓尼基出身为荣，但是它们的古代祖先——蒂尔和西顿已经死去了，在两千多年里被人淡忘，而腓尼基人自己也无一幸存。

这是一个悲伤的故事，但是完全值得。

腓尼基人没有花太大力气就变得富有了，但是他们不知道如何明智地使用财富。他们从不在意书籍和学术，他们只在乎钱。

他们在全世界买卖奴隶。强迫外国移民在工厂里干活。他们一有机会就欺骗邻国，地中海所有国家的人都憎恶他们。

他们是勇敢而精力充沛的航海家，但是，每当不得不在诚实交易和通过狡诈的欺骗获得眼前利益之间选择的时候，他们就成为懦夫。

只要他们是能够驾驶大船的世界上唯一的水手，其他国家就都需要他们。一旦这些国家学会如何掌舵控帆，他们就立即抛弃了诡计多端的腓尼基商人们。

从那时起，蒂尔和西顿失去了它们在亚洲商业领域的主导地位。他们从不鼓励艺术和科学。他们知道如何探索七大洋，把他们的冒险变成有利可图的投资。但是，没有任何一个国家仅凭物质财富就能够安稳立国。

腓尼基的土地始终是一个没有灵魂的账房。

它消亡了，因为它把一个装得满满的财宝箱尊为了使市民感到自豪的最高理想。

腓尼基人越过了视线所能看到的土地。突然，可怕的海洋变成了一个平静的商业干线，地平线的可怕威胁成了谎言。

16 跟随贸易的字母

我曾经告诉过你们埃及人是如何用小符号来保留他们的言语的。我描述过楔形文字，它们是美索不达米亚人的便捷工具，埃及人用它来开展对内和对外贸易。

可是，我们自己的字母是怎么样的？这些伴随我们一生、组成了从我们出生证明上的日期到我们的讣告的最后一个字的小巧的符号是从哪里来的？它们是埃及语还是巴比伦语，是阿拉姆语，还是一种完全不同的东西？我现在要告诉你们，它们吸收了每一种语言的一点儿东西。

对于再造我们的言语来说，现代字母表并不是一个非常令人满意的工具。有一天，一个天才会发明一个新的书写系统，给每一个音配上一个专属的小图画。尽管有许多缺陷，我们今天的现代字母仍然能够胜任它们的日常工作，就好像它们精确简洁的表兄——数字那样。数字是在字母表第一次入侵的几乎10个世纪以后，从遥远的印度游荡到欧洲的。可是，这些字母的最早历史是一个难解的谜，还需要很多年的精心研究我们才能解开它。

我们对这个情况很了解——那就是，我们的字母表不是一个聪明的文书突然发明的。它是从很多更古老更复杂的系统中经过几千年的发展逐渐形成的。

在第14章，我给你们讲过，聪明的阿拉姆商人的语言作为一个国际交流的手段传遍西亚。腓尼基人的语言在邻国中却不是很流行。除了几个词以外，我们不知道那是一种什么样的语言。可是，他们的书写系统却被带到了广大地中海地区的各个角落，每一个腓尼基人的殖民地都成为它进一步传播的中心。

至于没有为推动艺术和科学做过任何贡献的腓尼基人却为什么找到了如此简洁方便的书写系统，而其他更加高级的国家却忠诚地使用着古老笨拙的符号体系这个问题，还须进一步解释。

腓尼基人首先是一群讲究实际的商人。他们不出国旅行去欣赏风景。他们到欧洲的偏远地区和更偏远的非洲地区寻找财富，这样的旅行危险重重。在蒂尔和西顿，时间就是金钱，写成象形文字或者苏美尔文

腓尼基人首先是一群讲究实际的商人。

字的商业文件会浪费繁忙的职员们的宝贵时间，他们的时间应该花在更有用的事务上。

我们的现代商务世界发现，旧式的口授听写信件的方式对于快速的现代生活来说过于缓慢，一个聪明的人发明了一个点和画的简单系统，使得书写记录口语就像猎犬跟随野兔一样近切。这个系统我们叫作"速记法"。

腓尼基商人们用的是同样的东西。

他们从埃及象形文字那里借来几个图画，简化了巴比伦楔形文字的一些符号。

为了速度，他们牺牲了旧的文字系统好看的外表，把世界数以万计的形象缩减为更短更方便的只有22个字母的字母表。他们在国内试行这个字母表，试用成功以后，把它推广到国外。

在埃及人和巴比伦人中间，书写是一件非常严肃的事情——近乎神圣。曾经有人提出过很多改进，但是这些建议都被抛弃了，因为它们被认为是渎神的举动。在其他人失败的地方，对虔敬的行为没有兴趣的腓尼基人成功了。他们不能把自己的文字介绍到美索不达米亚和埃及去，但是，在地中海地区完全不知道书写的艺术的人们中间，腓尼基字母表取得了巨大成功，在这片大海的每个角落，我们都能发现刻着腓尼基刻字的花瓶、柱子和废墟。

移民到爱琴海许多岛上的印欧希腊人立即把这个外国字母表运用到他们自己的语言中。一些在闪族腓尼基人的语言里没有的希腊音需要自己的字母。他们被发明出来加到其他字母中间。

但是，希腊人没有就此停止。

他们改进了整个语言记录系统。

所有古代亚洲人的书写系统都有一个共同点。

辅音被再现出来，但是，读者不得不自己猜测元音。

这并不像看起来那么难。

在我们自己的报纸上的广告和通告中，我们经常省略元音。记者和电报员也喜欢发明自己的语言，在这种语言里，他们去掉所有多余的元音，只用一些必要的辅音来形成一个声音的框架，在重写整个故事的时候，元音可以被加上去。

罗马士兵

但是，这样一个不完备的书写体制从不可能流行开，条理性强的希腊人加进一些特殊符号来再现 "a"、"e"、"i"、"o"、"u"。这样，他们就有了一个可以以任何语言书写任何事情的字母表了。

公元前5世纪，这些字母跨过亚得里亚海，从雅典到达罗马。

罗马士兵们把它们带到西欧最远的角落，教会我们的祖先使用这些腓尼基小符号。

12个世纪以后，拜占庭传教士把这个字母表带到蒙昧的俄罗斯平原的沉闷荒野。

今天，世界上超过一半的人使用这个亚洲字母表来记录他们的思想，并把他们的知识保留下来，传给子孙后代。

17 希腊人的土地上有 明媚的阳光和辉煌的神庙

　　从前，那是很多很多年以前了，世界上生活着一些希腊人。他们居住在一个多岩的小半岛和若干岛屿上。半岛就是一片三面环水、一面与大陆相连的土地。这里有很长的海岸线，因此提供了航海的绝佳机会。希腊人很快学会了如何操纵小船，并用它四处航行探索，走遍了整个地中海东部，在爱琴海的许多岩石小岛上建起一座座城镇和村庄。他们大部分时间都在户外活动，很早就学会了如何使用武器，保护自己，抵御外敌。强大的波斯帝国多次试图征服这个小小的角落，但他们的所有进攻都以失败告终。希腊人会从希腊各地经由陆路或凭借快捷的船只，迅速赶往受到威胁的地点，阻止入侵者，这往往以牺牲每个前去保卫祖国的人为代价。

岩石小岛上的城镇和村庄

18 他们是伟大的哲学家和数学家

　　如果没有战争，希腊人通常把时间花在经商上面，很快他们就变得非常富有。于是许多人就有钱购买奴隶来为自己工作。现在我们不再购买奴隶，但我们会购买大工厂的股票，然后它们就会为我们工作（如果我们有工作要做），就像那些为其希腊主人服务的小奴隶一样。然而，归根结底，2000年前的希腊人比我们更了解如何利用闲暇时间。他们不赞成过多的享乐。在希腊人看来，享乐应该像阳光一样。我们有时喜欢阳光，但我们总是很高兴有点儿阴凉，否则生活就会过于单调。

　　希腊人主张每个人都应该花点儿工夫发展自己的头脑。经过实践，他们学会了完成一项非常艰难的任务——以逻辑的方式推理。这种推理是我们的乘法表和所有其他数学问题的基础。希腊人是伟大的数学家，通过将比例运算法用于解决生活中的实际问题，他们成为非常杰出的哲学家。即便到两千年后的现在，我们也必须从最初的希腊著作中学习如何思考。我们中有些人从未学会。

19 他们在海上航行，直到抵达著名的特洛伊城

　　万事开头难。就拿航海来说，对我们而言这是一件很容易的事情，因为我们拥有钢铁舰船、强大的引擎和精确的指南针，让我们能够在汹涌的大海上找到自己的航线。但希腊人的船比我们现代的渡轮还要小很多，他们也没有指南针，

特洛伊木马

91

必须依靠星星提供的信息驾驶——当希腊人设法越过爱琴海，攻击特洛伊城时，他们认为自己在完成一项伟大而辉煌的功绩。特洛伊战争本身并不重要。特洛伊国王的儿子拐走了希腊国王墨涅拉俄斯的妻子，因此引发战争。如果不是一位名叫荷马的诗人写下有关特洛伊战争的优美诗篇，我们或许永远也不知道这件绯闻（不知道也没有关系）。我们到今天仍在阅读荷马的诗歌，纯粹是为了从它美妙的文学描写中获得愉悦。荷马告诉我们，希腊人把特洛伊包围了一年又一年。但特洛伊的城墙非常高，当希腊人怒气冲冲，或者在那不太好客的海滩上被寒风冻僵时，特洛伊人却快乐地待在家里。最后，聪明的希腊人想出了个办法。他们造了一只巨大的木马，在里面装满士兵，就像我们用外表像南瓜的大盒子装满糖果一样。然后，希腊人就开着船离开了。好奇的特洛伊人看到这匹木马，把它拖进城里，以为这是一个可笑的玩笑。然而，到了晚上，当希腊士兵从木马里偷偷钻出来时，这就不再是玩笑了。

20 之后希腊人又驾船越过地中海

这绝不是希腊勇士们唯一的冒险。或许，如果你问爸爸要更多这一类的书，我会写一本有关古希腊人的故事。

但这次我只能讲述那些古代和现代的航海家。希腊人非常缓慢而仔细地探索地中海的每个角落以及马尔马拉海和遥远的黑海。最后，经过几个世纪的冒险航行，他们抵达了我们今天所说的直布罗陀海峡。

你会问："他们有没有穿过直布罗陀海峡进入大西洋？"我的回答是："没有！"但我也没法确切地告诉你原因。腓尼基人在希腊人之前很多年就已冒险进入大西洋，前往威尔士购买锡，这是他们打造青铜武器所必需的东西。希腊人对锡的需求不是很大，他们害怕这一大片水域，因为这里总是狂风暴雨，总是寒风凛冽，总是大雾弥漫。他们的船长喜欢互相讲述一些可怕的故事，例如巨大的怪物吞噬整条船以及诸如此类的胡说八道。最终，他们相信了自己编的故事，一直留在了地中海。如果你碰巧在暴风雨中穿过直布罗陀海峡，你会注意到它很宽，提供了舒适的航行空间，足以供几万希腊人通过。

21 在希腊人的西边，生活着另一种人，名叫罗马人

不过，希腊人并非唯一在地中海生活、死去、写诗、打仗的民族。他们有一些对手，我们把这些对手称为罗马人。你肯定在自己的时代见过很多罗马人，他们不再像他们的祖先那样征服世界，但他们做着非常有益的工作，要么是在铁路上，要么推着装满香蕉和花生的手推车叫卖。在两千多年前，欧洲、亚洲和非洲的部分地区构成了所谓的"文明世界"，而罗马人就是它的主人（世界就是这样的，我们全都有自己的兴衰史）。起初他们是一个由牧羊人构成的小小部落，生活在一座建立于7个小山丘上的城市里，位于一条名叫台伯河的泥泞小河岸上。

罗马人一旦建立起自己的国家，开始吞并邻居的领土，就表现出了与希腊人截然不同的个性。他们不太关心高雅的文学、雄伟的建筑和优美的音乐。他们雇用希腊人为自己建造神庙、写诗作赋、演奏笛子，就像我们在忙于建造桥梁、弹药库、海底隧道和摩天大楼时，也会输入外国歌唱家、钢琴名家、杂技艺人和教师教育自己的孩子一样。

不，罗马人最伟大的美德是他们在法律推理和管理事务方面的才能，他们擅长管理邻居的事务，远比那些邻居自己的管理水平高得多。

22 伟大的战士们在欧洲修建了许多道路和桥梁

罗马士兵和文职官员向四面八方进军，建立了一个强大的帝国，它以这样那样的名称存在了很久，一直到华盛顿总统逝世之后很久，直到你自己的曾祖父那一代人，它才灭亡。

罗马军团跨过桥梁

95

现在，不管你走到欧洲哪里，都会找到罗马人修建的道路，罗马人修建的跨越阿尔卑斯山峡谷的桥梁以及罗马人顺着咆哮的河流沿岸修建的城市（我说那些城市，因为罗马人虽然开凿了许多运河，却从未试图挖掘河流）。罗马的军团跨过这些桥梁，沿着这些道路，穿过这些城市，向各地开拔。这个强大的城市是整个世界的女主人，她派遣自己的总督去管理她的领地——从遥远的巴勒斯坦山丘一直延伸到德国北部森林密布的平原。

这片广阔的疆域拥有和平与安宁。这里没有强盗与劫匪，因为罗马人不仅知道如何制定法律，而且懂得那项罕见的艺术：让人们遵守法律。

23 罗马的一位将军甚至越过海峡发现了英格兰

　　最终，罗马人到达了欧洲大陆最边缘的地区，决定探索那个绿色岛屿的海滩，他们从自己位于法国的城堡围墙上能够望见那个海岛。于是，他们的一位将军建立了一支舰队，在英格兰登陆了。这位将军的名字叫盖乌斯·尤利乌斯·恺撒，他因为率领远征军穿过野蛮的条顿人居住的荒野地区而闻名。恺撒于公元前50年越过了英吉利海峡。

　　他率领军队穿过今天的肯特郡，发现了泰晤士河，一直推进到今天的埃塞克斯地区。然后他回到欧洲，最后回到罗马。他的结局非常悲惨。就像他之前的许多著名人物一样，他野心勃勃，梦想成为整个辽阔的罗马领土的皇帝。但那些更关心公民权利而非外在荣耀的人决定阻止这个计划，他们用匕首刺杀了恺撒。但他的名字流传千古。每当有人统治很大一片土地时，我们就说他是个"皇帝"（Kaiser）。罗马人把字母"C"读成"K"，当我们说德国、俄国或中国的"皇帝"时，我们真正的意思是说他们就像古罗马的恺撒。

24 罗马人修建了许多坚固的 高塔和固若金汤的城市

至于罗马的民政和军事管理方法，它们本身非常简单。当罗马军队进入一个新国家时，他们会寻找一座地势有利的小山，在山顶修建一座坚固的高塔，牢不可破。可怜的弗兰克人、高卢人、不列颠人和条顿人生活在这些高塔周围，根本别指望用他们微不足道的弓箭和投石器摧毁它们。于是他们充分利用一项非常合算的交易。他们每年用牛皮（用来做军靴）、蜂蜜（在发明白糖之前人们就食用它）和可供军队吃喝的其他物资，向罗马人进贡。作为他们提供食物和住处的回报，罗马的将军以一种值得推崇的方式管理被征服的领土。

当然，在这么多的总督中间，也有少数坏家伙利用自己的强势地位，恃强凌弱，中饱私囊。但多数普通的罗马总督都很好。他们融市长、市议会、警察局长、登记局和计量委员会的职能于一身。他们努力工作，以便让所有人都有适当的机会过上宁静而体面的生活，并且他们在许多个世纪里都成功地做到了这一点。

25 条顿人毁灭了罗马政府

　　不幸的是（或者幸运的是，我不知道该说哪个），这世界上没有任何东西能够经久不变，即使罗马帝国也不能。只要罗马人不得不为自己渴望的成功而工作，他们就是强大而能干的统治者。但终有一天，他们变得太繁荣太富有，不再关心早上按时上班晚上好好睡觉。然后他们开始忽视日常生活中的重要事物，把注意力集中到追求享乐上头。他们不再早早起床训练士兵或记录各省的事务，他们整夜跳舞，睡到午饭后才起床。这样当然不行。如果帝国和共和国中最有特权的阶级沉溺在懒懒散散的生活中，它们就无法生存。因为在这个世界赖以运转的基础体系中，竞争似乎发挥着主要作用，所以一旦某个人停止工作，曾经为他擦鞋的邻居就会开始更加努力地工作。不久，那个悠闲的人就会去给别人擦鞋，而以前的擦鞋匠却会驾着一辆漂亮的汽车四处转悠。人类是这样，强大的帝国也同样如此。

　　公元3世纪和4世纪，当精力充沛的条顿部落攻击罗马帝国时，甚至那些固若金汤的城市周围高高的城墙也无法阻止罗马的最终灭亡。因为一个国家不是依靠物质方面的东西抵御外敌，而是依靠其公民的勇气和精神。

26 在欧洲北部，生活着古代挪威人

条顿人的这些大规模入侵非常有趣，但它们不是本书讲述的重点内容。条顿人、哥特人、汪达尔人等都属于那成千上万的入侵者，他们远离大海，因为他们在陆地上就发现了自己需要的所有战利品。除非受到迫切需求的驱使，否则没人会到那令人难受的大海上去。

感受到这种迫切需求的是欧洲北部，因为我们对早期航海历史的研究现在转到另一个半岛的海滩上，那就是斯

斯堪的纳维亚半岛由陡峭的高山和幽深的海港构成。

堪的纳维亚。斯堪的纳维亚半岛由陡峭的高山和幽深的海港构成。我们在这里到处都可找到贫瘠的草原，还有少量的牛以及一两只山羊。但一个强壮的斯堪的纳维亚家庭无法靠少量的牛以及一两只山羊生活。因此这种家庭中的多余成员如果是男孩，家人就会好意地要求他离开，自谋生路。如今，在美国，如果一个男孩必须独立生活，他会到商业机构或农场找工作。但那时在斯堪的纳维亚既无商业机构，亦无农场，只有大海。于是那个地方的男孩就会去当海盗，这就像鸭子在水中嬉戏或鸟儿在空中飞翔一样自然。

27 维京人的船遍布欧洲的所有海上交通要道

　　这些古代挪威人的船只在我们中间非常有名。当时那里的人们不信上帝。如果他们的一位海上君主去世,他们就会把他和他的船、武器以及将来在瓦尔哈拉殿堂里服侍他的奴隶一起埋葬。他们在地上挖一个很深的坑,然后用土盖住船、尸体和武器,堆成一个矮矮的坟丘。在我们这个时代,挪威的历史学家发现了这些坟丘,他们非常谨慎地挖走泥土,直到船只露出来。如果你去克里斯蒂安尼亚①,就有机会看到这些船中的两只。它们会给人留下深刻印象,不是因为它们很大,而是因为它们很小。那些人居然愿意冒着生命危险驾驶外表如此笨拙、卑微的船只,你会本能地对他们产生敬意和崇拜。一般捕捉牡蛎的渔夫不会想到用自己小小的平底船跨越大海。但古代的挪威人却驾着载重仅二三十吨的船只远航,甚至抵达了黑海和美洲海岸。这些船上没有多余的甲板,但会有一座小木屋,类似于早期美国定居者的木舍。当船只没被巨大的海浪淹没时,小木屋可让女人和船长在里面打个盹。这些船是平底,夜幕降临后,航行会变得非常危险,这时它们会很容易被拖到海滩上去。人们用一个巨大的木头船舵操纵它们,而士兵们的盾牌挂在船的侧面,从而构成抵挡敌人箭矢的安全壁垒。

---

①今奥斯陆。——译注

28 冰岛———个由间歇泉和火山构成的岛屿

　　关于这些古挪威人的旅行，以及他们怎样在法国、意大利甚至俄国建立自己的王国，怎样征服英格兰，怎样塑造我们自己的语言以及我们有关国家、政府和其他无数事物的观点，我可以写好几卷。但所有那些都必须等到我在另一本书里叙述。现在我们的任务是探讨航海，我必须告诉你们，挪威人怎样大胆地将陆地抛在身后（希腊人和罗马人很少这么做），他们怎样向西推进，直到在北极圈附近发现一个很大的岛屿。我们称之为"冰岛"，叫它"雨岛"更恰当，因为可怜的冰岛人对雨伞的需求大于对保暖套鞋的需求。这个岛屿十分肥沃，气候温暖，因为这里有一座火山（赫克拉火山）和许多间歇泉。间歇泉的英文"geyser"读音跟"Kaiser"差不多，但意思却截然不同。"geyser"指的是一种温泉，它每隔一会儿就喷出大量的水。

29 很多人从斯堪的纳维亚搬到冰岛安家落户

对斯堪的纳维亚那些贫穷的人来说，这个新岛屿的发现意义重大，就像19世纪前50年开发西部大平原对许多美国人一样重要。那些未能在故乡飞黄腾达的挪威人现在向西航行，在一片新土地上开始新的职业。但这并非他们的历史中唯一让我们感兴趣的方面。除了作为最早的移民所具有的勇气，他们还在另一件事情上非常杰出。古挪威人自古以来就热爱自由，善于管理自己的事务，他们把这种热爱与才能带到了新的国土。在公元8世纪到9世纪的60年中，殖民者忙于建农场。然后他们组织了自己的政府，建立起类似于市民大会的机构，整个岛屿的所有自营农夫都参加。这个机构被称为"Althing"，至今仍然存在。当我们为自己伟大的自治才能而骄傲时，最好请记住：我们自己的独立国家只存在了一个世纪多一点儿，而冰岛的人民已经实行自治一千多年了。他们在哥伦布航海穿过大西洋发现美洲之前6世纪就开始自治了。

冰岛被发现

30 公元983年，"红毛埃里克"发现了格陵兰岛

　　大约在第一批移民定居冰岛后100年，古挪威人进一步向西推进，发现了格陵兰岛。很久以来，他们就知道冰岛西北方某处有些高耸的群山矗立在海上。乌尔夫·克拉卡的儿子贡比约恩被风刮离自己的航线，回到家乡后，他说起一片神秘土地的故事。这让很多人感到迷惑。他们是真正的探索者，而探索者总是想知道"下一个拐角处"后面是什么。公元982年，"红毛埃里克"出发寻找格陵兰岛，花了差不多3年时间探索这个巨大岛屿的海岸，它差不多跟一个洲那么大。公元985年，埃里克回到冰岛，为了寻找移居这个新国家的候选人，他把它称为"格陵兰"①。这样的名字暗示它有美丽的牧场和繁茂的青翠树木，立刻就有25个家庭准备前往这个崭新的乐园。但在那25艘船中，只有14艘到达格陵兰岛的海岸，这些人建立起一个小小的定居点，很快其他古挪威人也跟随而至，直到这片广袤的土地上出现一个庞大的殖民地。他们在此修建教堂（因为挪威国王派来的传教士让居民都成为基督徒），我们到现在仍可看到一些教堂的废墟，以及埃里克的老房子。

---

①格陵兰（Greenland）：英文意为绿色的土地。——译注

31 公元1000年，埃里克的儿子雷夫起航前往西方

在丹麦国王斯汶·埃斯特里德松统治时期——这位君主生活在公元1047年至1076年——有个德国人，名叫不来梅的亚当，到哥本哈根去调查一些有疑问的历史问题。他在那里听说挪威人发现了一片新土地，叫作温兰德，也就是"葡萄酒之地"。这不是一个幻想中的国家。确实有人到过那里，据说那里有肥沃的土地，生长着可以酿酒的野葡萄，还有谷物。1595年，不来梅的亚当的故事在汉堡首次发表。它涉及航海史上最令人迷惑的问题——谁是美洲的最早发现者？由

雷夫前往温兰德。

于许多丹麦和挪威学者的可靠研究，我们现在有理由认为古代挪威人在哥伦布之前数世纪就已到过美洲。他们曾在今新斯科舍省建立一个殖民地似乎也是事实。

让我告诉你为何我们如此详细地了解所有这一切。冰岛人总是非常关注知识和学术。这个岛上的每个人都有读写能力。在从前的几个世纪，这些人也擅长讲故事。他们没有必要把故事写到纸上。祖先的卓越功绩代代相传，一遍遍重复。到后来，岛上的每个人都知道了埃里克的儿子雷夫及其前往温兰德的著名航行。

32 他终于看到了陆地，那是美洲海岸

从霍克·厄伦德松写于公元1310年至1320年的《萨迦》看，雷夫似乎是格陵兰岛最早的定居者埃里克的儿子。公元999年，雷夫回到他父亲的故乡，到挪威宫廷觐见国王奥拉夫·特里格法松。国王很喜欢这个来自西方的年轻人，鼓励他皈依基督教，并回到自己的人民中传播福音。雷夫同意了。公元1000年，他告别挪威，起航回家。他在狂暴的大海上颠簸了几个星期，最后终于看到了陆地。他希望这里是格陵兰岛，但此处土地平坦，看不到群山。雷夫上岸，发现许多葡萄（我们不知道他的意思是葡萄树还是葡萄的果子），便顺着海岸线航行了几个星期，然后才抵达自己位于格陵兰岛的村子。当然，他向人们说起了这片神秘的陆地，他的兄弟索斯坦非常好奇，便立刻驾船西行，试图找到雷夫告诉他的那片陆地。但他什么都没找到，垂头丧气地回到家里，郁郁而终。他的遗孀古德里德不久后又嫁给一个名叫索芬·卡尔瑟夫尼的冰岛人。索芬决定继续寻找新陆地，然后于公元1003年率领4艘船和160名男女向西航行。

33 几年后，大量挪威人在新斯科舍省定居

他发现了雷夫最先说起的那片陆地，建了一个小型定居点。这里气候温和，很少下雪。牛差不多可全年在地上牧放。

这里有大片大片的麦地，显然是野生的。这里还有浆果和葡萄，可用来酿造葡萄酒。实际上，对那些不得不生活在荒凉的格陵兰海岸上的人们，这片新发现的土地不啻伊甸园。

索芬和古德里德生下一个儿子，他们给他起名叫斯诺瑞。

这片土地上生长着许多大树，因此有足够用于造船的木材。总之，如果不是土著人的干扰，这片土地本来会发展成一个新的挪威殖民地，今天的美国或许就会说冰岛语而非英语。我们没理由认为这些土著是红发的印第安人。从《萨迦》的描述来看，他们应该是爱斯基摩人。"有一天早上"，这个古老的故事告诉我们，"海上出现了许多独木舟，里面坐着一些满面病容、皮肤黝黑的人，大眼睛，宽面颊，头上留着难看的长头发"。

这些不速之客很快就消失了。但第二年他们再次来到这里。

34 爱斯基摩人赶走了最早的定居者

　　这一次，挪威人和爱斯基摩人之间发生了战斗。当然，挪威人拥有的武器比爱斯基摩人好得多。但爱斯基摩人的数量远远超过殖民者，整个定居点都面临被赶尽杀绝的危险。因此索芬决定回到格陵兰岛。公元1006年秋天，他起航前往格陵兰，第二年回到冰岛。他的后裔至今仍生活在冰岛，其中一个就是霍克·厄伦德松，他写下了曾曾祖父的冒险记录。

　　这一切是我们从很多独立的资料来源了解到的，因此

爱斯基摩人住在用冰盖的房子里。

我们认为它是事实。我们不知道是否还有更多挪威探险队抵达温兰德。有历史学家相信他们不仅探查了新斯科舍，而且也到过拉布拉多和纽芬兰。这是有可能的。《萨迦》讲述一名格陵兰主教于公元1123年前去寻找温兰德，此后他便杳无音信。他是到达美洲并幸存下来了，还是进入北冰洋被冻死了？我们不知道。不过，几年前，人们发现若干显然是白人后裔的爱斯基摩人，证明某些挪威水手进入了美洲，跟故乡完全失去联系，最终退化到爱斯基摩人那样的半野蛮状态。

35 公元1448年后，格陵兰岛被遗忘了

至于格陵兰岛，这个位于前往美洲航线中途的据点，也落得跟温兰德相似的命运。它被遗忘了，原因不是很清楚。很可能中世纪后期席卷北欧的可怕瘟疫——我们称之为"黑死病"——与此相关。那么多人死于这种疾病，没给北欧留下一个能够前往殖民地的人。此外，挪威的国王们虽然把格陵兰视为自己的领地，但对那个遥远的岛屿的管理方法不太英明。格陵兰定居点缓慢但明显地走向了衰落。主教们不久便发现自己没有一个信众了，于是返回冰岛和挪威。那些有经济实力将自己的财产打包装上船的人启程回故乡了。而那些太弱、太穷或太懒惰的人没法离开，就待在那里，最终死去，或者被爱斯基摩人杀死了。

在一份由教皇尼古拉斯五世发布于公元1448年的档案中，我们最后一次听说格陵兰的名字。此后一百多年，格陵兰就被遗忘了。最终约翰·戴维于公元1585年重新发现了这个岛屿，但我们直到17世纪才开始像挪威人那样对格陵兰有所了解。目前，这里是丹麦殖民地。岛上大约有60个贸易站，也是世界上唯一在召开市议会时使用爱斯基摩语的地方。

格陵兰岛，这个位于前往美洲航线中途的据点，也落得跟温兰德相似的命运。它被遗忘了，原因不是很清楚。很可能中世纪后期席卷北欧的可怕瘟疫——我们称之为"黑死病"——与此相关。

36 由于中世纪船长普遍无知，航海几乎难以为继

现在，我们进入了航海探险几乎陷于停滞的时期。中世纪的欧洲人蜂拥来到西欧的荒野，就像1849年的美国定居者蜂拥来到西部大平原的荒野一样，他们忙于"安顿"下来，再没有多余的精力花在探险上头。此外还有其他原因。中世纪早期航海者的航海仪器极其原始。古代挪威人总是在靠近海滩的大海上航行，因此征服了欧洲。每当陆地从他们的视野中消失，他们就只能听天由命了。有时他们会抵达目的地，但找不到目的地而死去的情况也经常发生。

公元12世纪初，人们发明或是从中国输入了一种尚不成熟的指南针，它逐渐为西欧人所了解。但它还算不上精密仪器，直到1400年才得到普遍应用。过去航海者靠星空获取信息。在北方的大海上，天空常常乌云密布，因此让人无法确定船只的位置。在陆地上，根据必要的天文学观察来确定旅行者的位置要相对容易些。但是，当一条小型纵帆船在波涛上翻滚颠簸时，驾驶舱摇摇晃晃，而早期的星盘又笨拙难用，要按照星星的位置来航行，那可是非常冒险的事情。

37 我们的地理知识被包裹在一团漆黑之中

　　在那个年代，人类活跃的想象力构筑了一个虚假的世界，由善良的精灵与邪恶的小鬼组成。那时的人们认为所有自然现象都产生于超自然原因。

　　恐惧令无知者无法抵抗，也影响着所有水手的行动。当他们不得不与敌人或那种摸得着、看得见、听得到的魔鬼作战时，他们非常勇敢。但他们避开那些在海天之间的虚空中生活的模模糊糊的力量。直到葡萄牙航海家亨利王子的时代——他在15世纪初开始从事自己的职业——白种人才恢复了古代挪威人在9世纪至11世纪期间所做的探险。

　　可以说，从公元1100年至1400年的三个世纪是航海史上的黑暗年代。

38 13世纪下半叶，马可·波罗发现了中国

这并不意味着欧洲人完全对邻居失去了兴趣。事实恰恰相反，只不过他们选择步行而非乘船。作为步行者，他们有几次精彩的旅行，他们走遍整个亚洲，并从非洲北部经过。

在这些旅行者中，谁也不如威尼斯人马可·波罗名气大。

马可·波罗生活在公元1254年至1324年期间。当他出生时，他的父亲和叔父已经离开故乡的城市，踏上前往中亚的贸易之旅。在那里，他们遇到了忽必烈大汗，后者邀请他们

中国的长城

到他的宫廷去。于是，公元1271年，他们带着年幼的马可来到东方。途中，他们经过了巴格达、呼罗珊（Khurasan）、喀什噶尔（Kashgar）、莎车（Yarkand）、和阗（Khotan），穿过了罗布泊（Lob-Nor）和广袤的戈壁，最后于公元1275年到达大汗的宫廷。鞑靼领袖喜欢这个年轻的威尼斯人，要求他为自己巡视缅甸、云南、喀喇昆仑（Karakorum）地区、交趾支那（Cochin-China）和印度。你最好在自己的地图上看看所有这些地方，然后就会了解一个人在中世纪能够统治多大的领土。

威尼斯和热那亚爆发了战争 ▶

39 西方第一位科学航海家是葡萄牙的亨利王子

将航海与考察式探险完全建立于科学基础上的荣誉属于一位葡萄牙王子。他的名字叫亨利，他是葡萄牙国王若昂一世和菲利帕王后——她父亲是冈特的约翰——的儿子。亨利王子发现的大部分地方都在非洲沿岸，但是，如果没有他的准备工作，我们能否到达美洲都成问题。当你看地图时，你会看到一连串小岛怎样从非洲海岸向西延伸到大西洋中。这些岛屿是在14世纪被发现的，其中最重要的一个由亨利王子发现于1418年，最早前往美国的旅行者以此作为旅途的起点。

亨利王子生于1394年，逝世于1460年。他比任何同时代的人都更了解如何驾驶船只。他建立了一所学校，在这里把男孩子培养成水手，他还建立了一座天文观测台，学识渊博的僧侣在此研究天空，为那些在海上迷路的船长绘制星图。

简言之，在地理发现的历史上，亨利王子是地位仅次于哥伦布的重要人物。

僧侣在天文观测台上。

40 哥伦布在热那亚出生

克里斯托巴尔·哥伦，也就是我们所说的克里斯托弗·哥伦布，在公元1446年到1451年的某个时间出生于热那亚。他是一个简朴的梳羊毛工多米尼哥·哥伦布的长子，他的母亲是苏珊娜·方塔纳罗萨。我们对他早年的生活不太了解，没有任何有关其家庭的信息。他的姓氏哥伦布，意思是"鸽子"，在意大利十分常见。那些古老沉重的羊皮纸书卷登记着人们出生和去世的信息，上面有那么多哥伦布，我们不知道哪个才是我们这里说的"鸽子"。有人声称哥伦布是法国人、爱尔兰人或犹太人。这一点并不是很重要，但他拥有如此坚定的信念和如此超凡的勇气，我们应该了解更多有关他的明确信息。这种人非常罕见。待在家里，做着跟其他所有人相同的事情，这很简单。可是，当整个世界都坐在那里嘲笑你，甚至最英明的人也说你是傻瓜和冒名顶替者时，你却出发去寻找一片新大陆甚或是一条新贸易路线，那就非常困难了。

41 小时候，哥伦布在帕维亚大学学习

　　哥伦布的传记由他的儿子斐迪南撰写。根据这个故事（它并非完全可信），哥伦布小时候被送到著名的帕维亚大学。他在那里学习数学、天文学和宇宙学。"宇宙学"一词的意思是对宇宙的描述，宇宙学是一门研究整个世界体系结构的科学。

　　这么小的男孩就去上大学，你或许会觉得奇怪。但古时候男孩子年幼时必须非常努力地工作，哥伦布也不例外。当他出海时，他十分透彻地了解自己那一行涉及的数学知识。他能够识别夜晚的星星，能够在地图上找到自己的路线。他能够自己绘制地图，他了解有关洋流、风以及月亮对潮汐的影响的所有知识。后来证明这一切都非常有用。哥伦布不是靠运气偶然发现美洲的探险家，他是一位勤奋的科学家。他首先坐下来，对着一张纸苦苦思索自己的问题。然后，当他从理论上得出结论时，他也有勇气坚持自己的信念，开始为实际应用自己的研究而做准备。

42 哥伦布熟悉地中海的 所有土耳其港口

　　哥伦布16岁时作为侍者在船上工作，从底层开始一级一级升职。他在航行中到过地中海的所有港口，几次到达希俄斯岛，似乎在一个古老的希腊岛屿上度过了几个月。他很可能最远到过君士坦丁堡，这个城市在他出生那几年被土耳其征服。君士坦丁堡距离美洲有几千英里。但无意中对我们这个大陆的发现起了重要作用。直到15世纪中期，所有亚洲贸易都集中在拜占庭帝国——这是我们对古罗马帝国残存的东部领土的称呼——的这个首都。印度的香料和各种产品首先被运到君士坦丁堡，再从那里运到威尼斯和热那亚以及世界其他地区。当土耳其占领这个著名的贸易中心后，欧洲与亚

哥伦布在航行

洲的联系被切断了，因此有必要寻找一条通往印度和中国的新商路。这就是哥伦布脑子里闪现的想法。他没有想到欧洲与亚洲东海岸之间横亘着一片广阔的大陆。实际上，他一直到1506年去世时都不知道这个。他自己还以为亚美利加是西班牙通往中国途中的几个岛屿的名称。在他的整个航海过程中，他一直在寻找中国和印度，它们因为土耳其征服君士坦丁堡而与欧洲中断了联系。

43 1477年2月，哥伦布似乎到过冰岛

　　在为自己那项伟大的工作——寻找从欧洲向西航行通往印度的航线——做准备时，哥伦布曾多次顺着欧洲和非洲西海岸航行。1476年夏，他加入4艘前往英格兰的热那亚船只。他们一路航行穿过直布罗陀海峡，朝着圣樊尚角前进。在这里，他们遭到一群法国海盗的攻击，失去了两艘船。另两艘船得以逃脱，安全抵达里斯本。在这里，哥伦布碰到许多从亨利王子的大学毕业的水手。同年12月，他继续航行，来到英格兰。我们在布里斯托尔和戈尔韦听说过他。戈尔韦是位于爱尔兰西海岸的城市。英国与冰岛很早以前就有了贸易往来。很可能哥伦布听说了"乌尔提玛·图勒"，也就是冰岛在当时的名称。据哥伦布自己陈述，他到过冰岛。在那里，格陵兰和失落的温兰德殖民地的故事到1477年仍在流传。博学的历史学家在很多书里讨论这个神秘的图勒。"乌尔提玛·图勒"的意思是北极圈内可供人类居住的世界边缘。有人认为它指的是挪威，或者冰岛，或者设德兰群岛。但最新的研究非常确定哥伦布到过冰岛，并在同一年回到葡萄牙。

44 西班牙国王刚刚将摩尔人驱逐出境

公元1478年，哥伦布与菲利帕·莫尼兹·德·佩雷斯特雷洛成婚。这位夫人是巴托罗缪·佩雷斯特雷洛的女儿。巴托罗缪曾在航海家亨利王子的船上当过船长，是葡萄牙的非洲殖民地圣港的首任总督。佩雷斯特雷洛家族有广泛的人脉关系。里斯本大主教就是哥伦布妻子的一个堂兄弟。

哥伦布越来越确信，往正西方向航行，肯定有一条到达印度的路线。

你会看到所有这些因素怎样一起产生作用，为哥伦布带来极其有利的条件。他继承了岳父的所有文件和航海笔记。他访问了老佩雷斯特雷洛曾经担任总督的殖民地，并与那些从前与总督有联系的人交谈。通过他妻子的堂兄弟，也就是那位大主教，他得以进入皇家天文学校。他越来越确信，往正西方向航行，肯定有一条到达印度的路线。

从理论上说，这一切都很好。但在实际方面如何呢？哥伦布到哪里弄到这样一次危险的探险所必需的船只、人员和资金？他求助于葡萄牙国王若昂二世，向后者解释了自己的想法。国王向一个由著名地理学家组成的委员会咨询这件事。他们建议国王别理睬哥伦布，而是继续航海家亨利的工作，通过非洲西部和东部海岸寻找通往印度的路线。

于是哥伦布想到了邻居西班牙王国。

45 斐迪南国王耐心听取了 哥伦布递交的计划

在西班牙，斐迪南国王此时正将最后一批摩尔侵略者赶出自己的领土。他准备以任何经过证明符合实际的方式赢得外国对其国家的崇拜。

哥伦布为自己的想法在里斯本受到的对待而气馁，便打点起自己小小的行李准备离开。他的妻子已经去世，他在经济方面不太成功，被迫靠画地图和海图独立谋生，养活自己和年幼的儿子迭戈。他离开葡萄牙，前往西班牙。有好几年时间，他都跟梅迪纳·切利公爵住在一起，公爵对哥伦布的想法感兴趣。

最后，哥伦布终于获准将自己的计划展示给斐迪南国王及其妻子伊莎贝拉王后看。他们对航海不太了解，于是便向一个由伊莎贝拉的忏悔神父担任主席的委员会咨询。这位显要人物认为哥伦布的计划不可能实现。因为，即便相信这个世界是圆的（公元1491年的人们对此尚不确定），一旦你顺着我们的小地球航行到下面，又怎么能指望返回呢？这个计划似乎纯粹是浪费金钱，委员会建议别向这个热那亚的冒险者提供支持。哥伦布很失望，想离开西班牙。不过，当他已经上路前往法国或英国（他不知道接下来该向谁寻求帮助）时，枢机主教佩德罗·冈萨雷斯·德·门多萨听说了这位航海家及其印度计划。他同意帮助哥伦布。

46 1492年8月3日，哥伦布率领3艘小船离开西班牙

　　1492年1月2日，斐迪南国王占领了西班牙的最后一个摩尔城市格林纳达，同年4月，他下令帕洛斯城给热那亚航海家克里斯托巴尔·哥伦（西班牙人这么叫他）两艘船。哥伦布终于拥有自己的船了。可是，到哪里寻找水手呢？没人愿意冒着生命危险，白费力气地寻找中国、日本或者这个疯狂的热那亚人期望找到的任何地方。甚至国王与王后似乎也失去了信心，多亏了两位帕洛斯富商的支持，这次探险才获得了装备。这两个人——马丁·阿隆索·平松和文森特·亚涅斯·平松——提供了必要的资金，1492年8月初，哥伦布准备好了。他是三艘船的总司令。其中100吨的"圣玛丽亚"号载着舰队司令（这是哥伦布的称呼）和52名水手。另外还有两条小型轻帆船，50吨的"平塔"号，载有18名水手，由马丁·平松指挥，40吨的"妮娜"号也有18名水手，由文森特·平松指挥。至于水手，他们大多数都是倒霉透顶的人，粗暴吵闹，桀骜不驯。但哥伦布并未因为这次航行动荡的前景而消沉，1492年8月3日，周五早上，他升起船帆，离开了帕洛斯港。

47 不久，船队就来到咆哮西风带

　　船队首先驶往加那利群岛，"妮娜"号必须在那里整修。哥伦布被迫快速航行。他知道3艘葡萄牙军舰正试图拦截自己。葡萄牙人比任何人都更了解印度航线，不想让一个外国人妨碍他们的垄断，他们试图阻止哥伦布向西方航行。不过，哥伦布的3条船设法避开了敌人，很快便来到咆哮西风带，这是位于南纬40～50度的一片波涛汹涌的海域。虽然才刚刚踏上航程不久，船员们就已开始私下里嘀咕，露出不满。他们的行为表明他们根本不相信这位舰队司令的疯狂梦想，谴责他是个饥不择食的冒险者，心里只想着自己。哥伦布在离开西班牙之前，曾与国王达成协议，国王允诺将哥伦布在航行中发现的所有珍贵金属的十分之一赐给他。由于他是个天才，而且非常相信自己的能力，他又进一步提出条件，要求由他统治自己可能会发现的国家，并且接受"海军司令"的职位。

48 哥伦布不断航行，却看不到陆地

水手们抱怨说，所有这些美好的诺言都不会带给他们任何好处，他们谈起公开叛变。他们被自己看到的一些事情吓坏了。有一天，一颗巨大的流星（一块飞过天空、落到地球上的星星碎片）落入船队附近的水里，激起可怕的浪花。稍后，他们又来到一片长满繁茂水草的海域，看起来船仿佛在草地上航行一样。他们把这里称为"马尾藻海"。接着，有天早上，船上的所有人都惊慌失措地发现指南针似乎失灵了。那枚小小的针没有指向地磁极，而是出现奇怪的晃动，显然无法找到恰当的平衡点。水手们说："肯定船上有人施巫术。"虽然看到鸟儿飞过，也没有缓解他们感觉离家越来越远的忧虑。最后，在10月11日，"平塔"号从水里捞上来一些木头棍子，似乎有人工雕刻的痕迹。那一天的上午10点，哥伦布认为自己看到了附近海滩上的一个火堆。他肯定自己已经到达印度，许诺奖励第二天早上第一个看到陆地的人。

不断航行中的哥伦布

49 1492年10月12日凌晨2时，哥伦布发现了美洲

那天夜里，水手们几乎没人去睡觉。1492年10月12日凌晨2时，"妮娜"号上的一名水手罗德里戈·德·特里亚纳看到了美洲。谜团终于解开了。正如我们前面说过的那样，哥伦布当时并不知道自己发现了一个新大陆。但一个现代欧洲国家的船队终于穿过大海来到这里，我们把这归功于他的勇气和自信。古代挪威人的航海对于那些无畏的参与者利害攸关。但欧洲人直到数世纪之后才听说了那些故事。当时这些消息还非常含糊，没有什么价值。大部分人都总是对任何新事物嚷嚷"不可能实现"，他们的偏见、贪婪与愚蠢言论差点儿阻止了哥伦布的探险。当他证明这件事可以实现时，同一群人又突然改变看法，把这位受到轻视的热那亚人尊为勇敢的英雄。荣耀永远归于这位伟大的探险家，他不为挫折而气馁，也对赞美淡然处之。

50 哥伦布以西班牙国王的名义占领了他发现的土地

　　12日早上，哥伦布上岸，以最庄严的方式，为西班牙国王占领了这片新土地。

　　起初四周看不到别的人类。但几个赤身裸体的野蛮人很快冒着危险从森林里走出来，惊讶地望着白人。西班牙人则注意到这些人肤色很深，呈红色。由于哥伦布相信自己到达了印度，因此他把这个岛上的居民称为"印度人"，又由于他们跟不时来到威尼斯或热那亚港口的印度人有些不同，他又称他们为"红番"，以便与他在马可·波罗的作品中读到的肤色更黑的那种人区别开来。

　　那些野蛮人告诉哥伦布，这个岛屿的名字是"Guanahani"。哥伦布把它改成"圣萨尔瓦多"。很多年来，我们都不知道这个神秘的圣萨尔瓦多是众多西印度群岛里的哪一个岛屿。不过，华特林岛似乎是白人最初在美洲大陆外缘登陆的地点。

　　几天后，哥伦布继续航行，发现了古巴、圣多明各、伊莎贝拉、费尔南迪纳和康塞普西翁的圣玛丽亚。他在圣多明各修建了一个堡垒。

51 在圣多明各岛上诞生了美洲的第一个白人定居点

这个堡垒是用"圣玛丽亚"号的木头修建的。这艘船被一阵突如其来的暴风刮到岸上，在海浪的重击下受到破坏。44人——探险队一半的人数——留下作为驻军，其他人则分乘"平塔"号和"妮娜"号，于1493年1月4日开始返回。2月18日，哥伦布抵达马德拉群岛，3月4日抵达里斯本。10年前，葡萄牙国王没有接受他的计划，现在却把他当作贵客来招待，邀请他多待几天。但哥伦布希望就自己的冒险作正式报告，便起航前往帕洛斯（并于3月15日到达），然后立刻坐车前往巴塞罗那，当时恰好西班牙国王和王后在这里。

很少有人配得上哥伦布受到接见时的荣誉。他在一支凯旋的队伍前面阔步而行。他的部下举着人们从未见过的奇怪树枝。但大家最感兴趣的是几个跟着哥伦布来欧洲接受基督教教育的印第安人。

这次探险大获全胜，那位卑微的热那亚梳羊毛工的儿子受到了西班牙王公贵族一样的款待。

美洲的第一个白人定居点

52 当哥伦布开始第二次航海时，人人都想跟他去

事不宜迟，西班牙立刻派出第二支探险队。1493年9月24日，哥伦布率领3艘大型横帆船、15艘轻快帆船以及超过1500人的船队向"印度"航行，每个人都盼望着自己从黄金国回来后像克利萨斯一样富有。

11月初，舰队抵达美洲水域。他们又发现了几个新岛屿，其中包括波多黎各。然而，当他们到达纳维达的小定居点时，却发现这个堡垒已经被印第安人破坏，所有人都被杀死了。这还不是第一件让人失望的事情。西印度群岛并非如他们期望的那样遍地黄金，这很快在冒险者们中间成为众所周知的常识。恰恰相反，即便在这片乐土，人们也不得不为了生存而工作。不久，西班牙人和印第安人就爆发了公开的冲突。西班牙人当然获胜了，但将大批印第安人送到西班牙卖作奴隶的计划也没让探险者们在其新殖民地的原住民中更受欢迎。

53 1498年，哥伦布终于在第三次航行中抵达美洲大陆

这一次，哥伦布度过了一段风餐露宿的糟糕日子。当他指挥船只穿过海图上没有标注的海域时，他好几个星期都无法入睡。回到西班牙，他受到的欢迎已经不那么热情。然而，两年后，他又准备好去做新的冒险了。他带着6艘船起航前往佛得角群岛，然后越过大西洋。3个星期后，他看到了陆地。那是1498年7月31日。哥伦布以为自己又发现了更多的岛屿，事实上，这次他终于找到了南美大陆。1498年8月1日，哥伦布在今天的委内瑞拉登陆。

他从这里前往西印度群岛的殖民地，在他上次离开后，那里的情况变得特别糟糕。哥伦布是个伟大的航海家和探险

哥伦布抵达美洲大陆。

家，但在一个难以控制的殖民地，他不是一个很好的统治者。他不得不处理一个非常棘手的问题。那些跟随他越过大西洋的人不是我们现代移民这样的定居者。他们是纯粹的冒险者。当他们认为哥伦布能让他们变得富有时，他们热爱哥伦布。可是他们未能在这些小小的西班牙定居点的大街上发现金银钻石，这时他们把自己的失望全都归罪于那位可怜的舰队司令："他发现了这些悲惨的岛屿，可那有什么用？"

哥伦布的归宿 ▶

54 人们没找到黄金怪罪舰队司令，他被控有罪

　　每天，西班牙国王和王后身边都围着心怀不满的冒险者，他们用各种能够想到的罪名控诉那位舰队司令。起初国王和王后陛下对此不加理睬。然而，当这些航海行动未能带来他们期望的财富时，他们也开始认为这是哥伦布的过错了。因此，一个官员被派到美洲去告诉那位舰队司令，让他亲自回西班牙去做陈述。这个官员名叫伯达迪纳，是个专横的傻瓜。他不仅遵从皇家的命令，而且自作主张，给哥伦布和他的两个兄弟戴上镣铐，然后将他们运回西班牙。那艘船的船长名叫瓦莱约，是个诚实的人，他希望取下他们的镣铐，但哥伦布不让。曾经作为新世界的发现者而得到喝彩的人，如今戴着镣铐回到西班牙。不错，伊莎贝拉王后无法忍受看到自己这位最忠实的仆人遭到这样的侮辱。哥伦布又恢复了昔日的高贵地位。他甚至在1502年再次航海。但他的精神已经崩溃，他的身体因为各种病痛而衰弱，1506年5月29日，他在巴利亚多纳德去世。他一直到最后都留着那副镣铐，它们被放进一个小盒子里面，跟他埋葬在一起。即使进了坟墓，哥伦布也不得安宁。他的遗骨经过5次移动。1898年，在西班牙战争之后，它们最后一次从哈瓦那转移到了塞维利亚。

55 1497年，意大利卡博特 父子发现了纽芬兰海岸

　　西班牙的发现很快传遍整个欧洲。这个消息传到英格兰，引起一个意大利人的极大兴趣。他生活在布里斯托尔，名叫乔瓦尼·卡博托，尽管出生于日内瓦，却归化到了威尼斯，并定居在英格兰。这位约翰·卡博特阅历广泛，曾经到过阿拉伯，知道一个人若是找到从欧洲通往亚洲的最短路线，印度将带给他什么利益。他设法让国王亨利七世对他的想法产生兴趣。公元1496年，他驾驶着一艘好船"马太"离开了。他的儿子塞巴斯蒂安和他一起出航。这条船朝着正西方向航行了7个多星期。最后他们终于看到了陆地。那是一个岛屿，现在叫作布雷顿角岛，岛上看不出有黄金的迹象。接下来几年，卡博特父子继续航行，来到纽芬兰、新斯科舍以及挪威人在11世纪探索过的那部分北美洲海岸。但这些勇敢的航海家并未打开通往印度的航线。于是塞巴斯蒂安把余生致力于发展贸易公司，垄断了与俄国的贸易。事实证明，与莫斯科的野蛮人打交道，比跟那个凄凉的新大陆的野蛮人打交道更有利可图。

56 纽伦堡生活着许多著名的地图绘制员和地理学家

　　许多勇敢的人冒着生命危险，试图找到通往印度的航线，但也有其他人在做着同样有价值却不那么危险的工作，丰富了我们的地理知识。古老的巴伐利亚城市——纽伦堡是这方面的中心，那里的人对地图绘制学很有兴趣，并且完善了天文学仪器。

　　如果你有机会去欧洲，一定要到纽伦堡看看。即便到今天，它看起来也跟中世纪时差不多。这里的房屋有高高的山形墙，所有东西都刷上了鲜艳、欢快的色彩。在城市上方的一座小山上，矗立着一座古老的城堡，过去是神圣罗马帝国的皇帝居住的地方。他们离开之后，就让一家姓霍亨佐伦的贵族照管这座城堡。现在，统治德意志帝国的正是这同一个霍亨佐伦家族。纽伦堡的各个教堂里有众多精美的雕塑与绘画，因为这里是彼得·菲舍尔、阿尔布雷希特·丢勒和亚当·克拉夫特生活过的地方。版画、木雕以及中世纪所有精美的艺术和手工艺在这里都有人从事。人们过去制造钟表、机械玩具和所有需要耐心并对机械过程有高度理解力的东西。这里有许多学问，纽伦堡成为著名的市场，来自全世界的人都聚集于此，购买书籍、仪器和很多别的东西。

　　现在，这里是用铅和木头制作玩偶小士兵的城市。

　　许多勇敢的人冒着生命危险，试图找到通往印度的航线，但也有其他人在做着同样有价值却不那么危险的工作，丰富了我们的地理知识。古老的巴伐利亚城市——纽伦堡是这方面的中心，那里的人对地图绘制学很有兴趣，并且完善了天文学仪器。

57 西拉科缪卢斯将新大陆命名为 亚美利加洲

　　在纽伦堡城里，生活着一位非常著名的宇宙学家，名叫马丁·贝海姆。他曾跟随葡萄牙航海家去过几次非洲海岸，然后在故乡的城市安顿下来，绘制和出版地图。贝海姆有个同行兼朋友，也是德国人，名叫马丁·瓦尔德塞弥勒，他把自己的名字拉丁化，自称西拉科缪卢斯或伊拉科米卢斯（这不是很地道的拉丁文，而是按照当时的风尚经过拉丁化和德语化的希腊文）。瓦尔德塞弥勒在1507年出版了一本大型世界地图，有12幅，还有一个直径为110毫米的地球仪。当他绘制到新近发现的那部分世界时，他不知道该怎么叫这些岛屿，它们似乎属于另一个大陆。他本来可以根据哥伦布的名字为它命名，但哥伦布虽然擅长航海，却不是个优秀的作者。有关那个新世界的宣传工作由一位佛罗伦萨人完成，他的名字叫亚美利戈·韦斯普奇。韦斯普奇做过商人，但他放弃了自己的职业，参加了哥伦布的探险队。关于他的旅行，他写了很多有趣的书，瓦尔德塞弥勒决定用韦斯普奇的名字命名新大陆，以此向这位流行的作家致敬。他采用了亚美利加的名字，将它稍加拉丁化，看起来更有学问，更有威严。直到今天，我们都把这个新大陆叫作亚美利加。

58 1513年，巴尔沃亚发现了太平洋

　　你们全都听说过哥伦布的鸡蛋的故事。当这位伟大的热那亚人证明了越过大洋有多简单后，每个人都通过模仿这一壮举来奉承他。葡萄牙人是最早试图从这些新发现中获利的，这导致西班牙人和葡萄牙人多次发生冲突。到最后，教皇拿起一把尺子，将世界地图平分为两半，一半给葡萄牙，一半给西班牙。葡萄牙人在这个交易中占了上风，因为他们经由好望角，获得独占印度航线的权利。西班牙人不得不满足于新世界。他们现在从各个侧面探索这个巨大岛屿的海岸，希望发现某个海峡，能让他们穿过整个这片陆地和岛屿，指引他们前往日本或中国。巴拿马地峡很早就被发现了。但没人不辞辛苦地调查这片陆地是宽还是窄。然而最后，在1513年，瓦斯科·努涅兹·德·巴尔沃亚开始了一次翻越达连地峡（巴拿马地峡在当时的名字）高山的探险。从其中一座最高的山峰上，他突然看到一片辽阔的水域。他发现了太平洋，大大地增加了我们的地理知识。可怜的巴尔沃亚没能从自己的劳动中获得好处，他被任命为太平洋沿岸土地的皇家总督。可在1517年，他却受到叛国罪的指控。他没有犯这个罪，但不等他为自己辩护，就被判处死刑杀了头。

59 1520年，麦哲伦航行穿过 麦哲伦海峡进入太平洋

　　我们这个时代有一点让我很不喜欢。一切都已被发现，除了少数小行星和固定的恒星，如今再也找不到什么新东西了。想象一下生活在15世纪初有多么迷人！地图上到处都有几个潦草的字标明航海家已经发现的地方。但在这些字之间，有大片空间用黑体字写着"Terra Incognita"，你可以猜想这些"未知之地"上生活着什么野生动物、野蛮人和粉红色的怪物。此外，如果你熟知地理并研究其他人的调查，就会对那些可能存在的新土地、海峡与河流得出自己的结论。如果你能让某个有船有钱的人对你的想法产生兴趣，你甚至还可以率领自己的船队开始一次崭新的探险。费尔南·马加良斯，即我们说的斐迪南·麦哲伦，就是这样一个人。他是个葡萄牙航海家，曾在印度生活过很多年。1519年，他率领5艘船出发，寻找通往印度的西南航线。他顺着巴西和阿根廷海岸航行，几个星期工作都徒劳无益，直到最终在高高的群山间找到一条狭窄的海峡，让他进入美洲西海岸的大海。在这个新发现的海洋里，他的船因为无风而停泊了很长时间，于是他把这个大洋称为"太平洋"。最后，他被风吹着向西航行，成为第一个在菲律宾群岛登陆的白人。1521年，他在这里的一次战斗中被杀死。但他的一艘船成功抵达西班牙。这是第一艘完成环球航海的船只。

60 1616年，航海家斯豪滕和勒美尔绕过合恩角，来到美洲大陆的最南端

　　麦哲伦看到了南面的陆地，但没有去调查在他自己与南极之间有什么。1526年，霍塞斯确定这是另一个岛屿。他把它称为"Terradel Fuego"，意思是"火地"，因为当他靠近海滩时，他看到了一些土著人生的火。这暂时是美洲南海岸的最后一个发现。不久，葡萄牙人和西班牙人失去了印度航线的垄断权，荷兰成为控制印度各香料岛的主人。他们建立了一家荷兰东印度公司，让它垄断了经好望角航线的所有贸

斯豪滕和勒美尔在海上航行。

143

易。于是，一位荷兰资本家决定寻找一条经由尚未发现的新海峡通往印度的新航线。然后他希望与东印度公司分享利润但又不至于违反法律。他装备了两艘船，要求它们的船长斯豪滕和勒美尔到美洲南端寻找新航线。1616年，他们驾船绕过火地岛，经过一个他们称为合恩角的海角——它得名于须德海上的小城霍伦，然后取道太平洋到达印度。

我们惊奇地注意到，他们差点儿就发现了澳大利亚。但这个神秘的大陆又继续隐藏了26年，阿贝尔·塔斯曼才为荷兰东印度公司发现了这片广阔的南方大陆。

印第安人的坟墓 ▶

61 1517年，科尔多瓦发现了尤卡坦半岛

　　总体而言，新大陆令人失望。这里的原住民不太守规矩，他们的习俗让白人觉得很不舒服。这里的黄金没有期望的那么多，移民不得不辛苦工作维持生存。遗憾的是，那些前往美洲的西班牙人如此努力地寻求利润，或者寻找为印第安人施洗的机会，以至于他们错过了一些非常有趣的经历。就拿神秘的玛雅印第安人来说，1517年，科尔多瓦发现尤卡坦，他在这里找到了极其复杂精美又十分完整的文明。印第安人修建了大型神庙，堪与埃及或亚洲的宏伟建筑相媲美。他们是非常伟大的天文学家，远比普通的现代人更了解日月星辰。他们使用非常复杂的算术系统，保存了各种事件的记录，本来可以告诉我们所有有关其古老历史的信息。遗憾的是，西班牙人认为这些异教智慧毫无用处，几乎烧毁了玛雅祭司撰写的所有书籍。我们只拥有少数幸存下来的手稿，我们当中最聪明的人花了多年时间，企图解开其中的谜团，却没有多大进展。至于玛雅人自己，他们的后代仍然生活在尤卡坦——现在这里是墨西哥的一个省。但是，他们已经把自己那些著名的祖先忘得一干二净，甚至连他们的语言和宗教也不记得了。如果你到一个图书馆去，借一些包含玛雅历法复制品的书籍，就会对此产生兴趣。那些图画相当迷人，或许你会解开其中的疑问。

62 1521年，科尔特斯征服墨西哥城

　　奥万多是西班牙的美洲殖民地最早的总督之一。1504年，他接待了一位前来拜访的表兄弟。这个年轻人名叫埃尔南多·科尔特斯，在国王的军队服役，参加了1511年征服古巴的探险队。几年后，新西班牙被发现了，它就是我们现在所说的墨西哥。1518年，一支包括7艘船的探险队在科尔特斯指挥下，被派到新西班牙去征服这片土地。关于这次值得纪念的大事，普雷斯科特先生在他的《征服墨西哥史略》中告诉了我们所有信息。起初，墨西哥的印第安人热情款待科尔特斯，甚至准许他进入他们的首都特诺奇提特兰。然而，当他以残酷手段对待印第安人时，他们便群起而攻之。科尔特斯被赶出这座城市。他不止一次差点儿死掉，手下很多人都被杀死了。他反过来也抓住并杀害了阿兹特克国王蒙特祖玛。1520年，在围困特诺奇提特兰3个月后，科尔特斯占领了这里。他毁掉了这座印第安城市，然后修建了一座新的西班牙城市，叫墨西哥城。此后多年，他都是新西班牙的总督，1536年，他发现了下加利福尼亚。

　　至于阿兹特克人，他们仍然生活在墨西哥，是贫穷的农夫和苦工。他们自己的古老文明也非常残酷，过去他们的祖先曾在一座高山上的石头祭坛上屠杀战俘。白人带给他们的新文明略微文雅些，但并没有让他们过得更幸福。

63 皮萨罗占领秘鲁，并从印加人的坟墓中盗窃黄金

　　秘鲁被征服和毁灭的故事也跟阿兹特克相似。在这里，一个在许多欧洲战役中脱颖而出的著名战士为自己赢得了荣誉，却受到原住民的诅咒。他是弗朗西斯科·皮萨罗，曾跟随巴尔沃亚穿越巴拿马地峡。1524年，皮萨罗从巴拿马起航前往未知的南部海岸。这次探险没有成功，皮萨罗回到西班牙。但1531年他开始了第二次航海，在秘鲁海岸登陆，发现印第安人正忙于阿塔华尔帕和华斯卡尔两兄弟之间的内战。他尽可能地利用这场兄弟之争，征服了整个秘鲁，开始作为总督统治这个新殖民地。但他在自己人当中极不受欢迎，最终于1541年被几个西班牙人谋杀。至于皮萨罗在这个国家发现的文明，也差不多被他完全毁灭。皮萨罗到来时，秘鲁的印加人已经统治这个强大的帝国超过5个世纪，推动这个非常杰出的文明向前发展。秘鲁人知道如何修建城市，他们利用十分简陋的工具，建造出坚固的城墙和房屋，经受了敌人的攻击和天气的破坏。他们的多种技艺都非常先进。就像古埃及人一样，他们知道如何将死者的遗体制作成木乃伊，然后在它们四周摆满纯金做的金箔，再小心翼翼地埋葬起来。早期的征服者对这样的坟墓毫无敬意，他们毁掉木乃伊，并盗走了墓中的金子。

64 1539年，德索托试图找到另一个黄金国

对西班牙国王而言，墨西哥和秘鲁是非常有利可图的投资。因此许多人希望找到另一个黄金国，好让自己名利双收。费南多·德索托就是这些人中的一个。他曾跟随皮萨罗前往秘鲁，并且变得非常富有，以至于当时统治西班牙的皇帝查理五世都为德索托从新大陆带回那么多钱而震惊。当德索托要求获准寻找另一个黄金国时，皇帝对他的计划给予支持。于是德索托自己花钱装备了一支探险队，于1539年起航前往佛罗里达。这次航海惨遭失败。在好几年时间里，德索托慢慢穿过北美大陆南部，发现的却是沙漠、仙人掌以及一条被印第安人称为密西西比河的大河。但他没有找到任何黄金。他的同伴因为疾病和劳累而死去，或者被印第安人杀死。最终，德索托对财富的欲望也让他自己沦为受害者。1542年，他死于一场热病，被埋葬在密西西比河里，以免印第安人损毁他的尸体。之后他就长眠于此。他的同伴中只有少数人最后回到墨西哥城。这是有史以来最具灾难性的航海之一。

65 德·科罗纳多正在探索墨西哥北部，并于1542年发现了普布洛印第安人

　　当时距哥伦布第一次跨过大西洋已有半个世纪，欧洲人发现了许多汹涌的河流和大片的土地并绘制了它们的地图。但通往中国的那条又短又轻松的航线仍然没有找到。它根本就不存在，我们被迫通过挖掘巴拿马地峡创造一条，那里是巴尔沃亚第一次从大西洋来到太平洋的地方。

　　至于陆上旅行，几乎不属于本书的内容范围。1542年，德·科罗纳多发现了普布洛印第安人。许多法国探险家向西行进，发现了新的内陆湖、巨大的瀑布和广阔的平原。但驾驶小船寻找未知土地的那种令人兴奋的日子差不多结束了。

普布洛印第安人
被发现。

66 1584年，沃尔特·罗利带着殖民者来到弗吉尼亚

沃尔特·罗利爵士的故事也非常悲惨，他生活于1552年到1618年。尽管他为自己的国家带来声望，并且非常忠实地为他的君主伊丽莎白女王服务，但因为西班牙国王对他的指控，却被伊丽莎白女王的继任者判处死刑杀了头。他曾在牛津大学接受教育，因为在他生活的时代，一名绅士不仅知道如何战斗，还必须知道怎样读写。

他前往西印度群岛，与西班牙国王菲利普作战，在世界很多地方指挥英国军队。据说沃尔特爵士最先将烟草带到欧洲。印第安人过去常常用烟草叶子吸烟，西班牙人很早就从墨西哥将烟草带到西班牙。1565年，约翰·霍金斯爵士将吸烟引入英格兰。但英格兰人有点儿害怕"喝"这种没见过的奇怪野草。直到沃尔特·罗利爵士喜欢上吸烟，并使之成为上流社会的时尚，烟斗才变得普遍起来。因此我们经常听人说，我们吸烟应归功于沃尔特爵士，尽管从历史的角度看，这种说法并不正确。

吸烟之俗在欧洲其他国家传播很慢。多年来，人们都把烟草用作药物，但随后他们纯粹因为好玩而开始吸烟，并从此保留了这个习惯。现在我们试图阻止小男孩吸烟。这是个好主意，吸烟对他们有害。

67 1607年，北美洲第一个永久性白人定居点建立

　　在北美大陆历史上，白人建立第一批定居点的时期非常有趣。

　　例如，沃尔特·罗利爵士曾经在此建起一个村庄，但后来从地球表面消失，没留下男女老幼甚至猫咪的一丝痕迹。

　　接着詹姆斯敦也建立起来，它最初位于詹姆斯河的一个小半岛上。这个小镇留下了少量废墟。但我不能对你们说太多，它不属于早期地理发现的故事，而是属于美洲的历史，许多人在这方面的了解都远远超过了我。

北美洲建立第一个永久性白人定居点

68 荷兰西印度公司，建立新阿姆斯特丹

　　他们是商人，从世界各地运来欧洲人所需的货物、谷物等一切必需品，以此维持生存。为了摆脱西班牙的暴政，他们奋斗了80年，然后像其西班牙敌人那样进入印度洋，征服了一个庞大的印度帝国。这个国家由荷兰东印度公司管理。事实证明，这家公司非常成功，于是一些富商成立了西印度公司，目的是在美洲建立贸易站。在哈得孙发现的那条河流的河口，他们修建了一座小堡垒以及一座教堂和磨坊，并用荷兰共和国最重要的城市给它命名，称它为新阿姆斯特丹。这座小城很快发展为与印第安人展开毛皮贸易的中心。但让荷兰农夫在这个殖民地定居的计划失败。荷兰只有150万人口，在国内人人都很忙，几乎没有移民国外的需求，因此农夫拒绝离开自己舒适的家，到野蛮的印第安人中生活。当英国突然占领新阿姆斯特丹后，荷兰派出一位名叫艾弗特森的海军司令去把它夺了回来。然而，不久荷兰人却用自己在北美洲的财产交换了南美洲的一些富有的甘蔗种植园。这件事很愚蠢，但1664年的荷兰人怎么会知道他们的小村子有朝一日会变成纽约这个大都市呢？

69 清教徒来到波士顿，建立了一座城市

　　荷兰人之所以没必要离开自己的国家，其中一个原因是荷兰政府允许其所有居民以及那些为逃避本国迫害而拥入荷兰城市的众多外国人享有信仰自由权。英格兰的情形不同于此。英国国教会不赞成非国教信徒。因此如果有人以不同于官方规定的方式信仰上帝，就会被迫过着非常艰难的日子，他们常常离开自己的国家，前往荷兰或美洲。他们中有些人——例如在新英格兰普利茅茨建立殖民地的清教徒前辈移民——先来到荷兰，然后再继续前往美洲。

　　以这种方式建立的英国殖民地中，最有名的是马萨诸塞（Massachusetts；我希望自己把这个单词中的所有"s"和"t"都拼写对了）。在那里，清教徒们围绕一座高高的灯塔（它向那些来自英格兰的船只指明港口在什么地方）建起一座非常繁荣的城市。关于这些清教徒，我可以告诉你们许多故事，因为我非常了解他们。但一个外国人教美国人了解你们本国的历史不太合适，因此我就此打住。

70 他们在1636年建立了哈佛大学

　　至于哈佛大学，你们见过一幅可爱的图画，最初是那些经常光临此地（那是很多年前的事情了）的年轻清教徒画的。我也为它画了图，因为我也曾经到这所大学求学，通过上课，凭借极大的耐心与勤奋，我逐渐学会画出相当成功的画了。

哈佛大学建立。